JN413099

사라짐 대신 사유함

고경자 시집

세종문화사

시인의 말

숲속 프로방스
천 개의 바람의 귀를 열어 놓은
바람의 문장과 문자들
의지에 밀고 당기며 미래로 흐르는
우리의 일상
앞에서 끌고 가는 것이 아니라
뒤에서 떠밀려 의식 속에 흐르는 시간
의식 속에 숨은 꽃잎 깊은 잠에서 깨어
빠름과 느림을 비례하며
망각하는 것이 아니라 기억하는 삶을 꺼내어
그간 지면에 투고했던 시와 신작 시
제3집 출간하게 되었습니다.
귀한 손길로 해설을 써 주시고 날개를 달아 주신
박찬일 교수님 노고에 감사드립니다.
늘 혹은 때때로 그립다고 다 표현 못 해도
올가을
당신과 마주할 시집 한 권 받아 들면
얼마나 삶이 향기로운 일일까요.
작은 우주를 손에 넣고
사라지는 것이 아니라 사유하면서.

2025년 가을 자올에서

차례

제1부 당신의 창

제2부 꽃잎이 넘어지다

제3부 대서양의 빈 의자

제4부 원시의 바다에서

제5부 수목 터널

제1부

타투

사랑이란 문장을 그린 그녀가
욕조에서 걸어 나온다
물기 먹은 실루엣
목덜미와 가슴 사이로 흐르는 경련
마르살리빛 머리가 찰랑인다
몸은 중심에 두고 사랑을 갈망하는
잿빛 문양의 혈류를 내장한
엉덩이에 꽃핀 타투
그녀와 마주해 본 사람은 안다
불타는 숲과 눈보라 사이에 영혼이 팔려
함께 날고 싶다는 것을
저건 마네킹이 아닌 사슴이다
보츠와나 초배지에서 만난
기린 눈망울을 한 비너스다
그녀가 턴할 때마다
일제히 쏟아지는 눈빛
미온의 바람이 그녀를 훔치고
천기를 누설하고 증발해 버린 사랑
내면에 찬 어둠을 깨고
욕망의 자아를 찾아 길을 나선다

너는 또 하나의 피오르 빙하가 아니다

결빙으로 살아온 만년설
언제부터 침식하여
너의 자태는 보이지 않고
흐르고만 있지 않은가

설선이 상승해 갈수록
구름도 넘어지게 하고
새들조차 날개 내려 쉬라 하던
당신의 손짓
눈의 결정체
푸른 빙하에 눈부셔
한때는 내 영혼마저 흔들어대던 그대여

내 마음 어딘 듯 숨어
하얀 섬을 만들어 내지 않은 너는
빙하가 아니다
사바나에 내리는 빗물이 아니다

수직의 착시

너만 있으면 돼
많은 모임이 왜 필요해
벌써 정리했어
다양한 모임을 소유하고 있는 나에게
너도 많은 모임들 하나씩 정리하는 게 어때
지금은 그럴 단계라니까
세상에 존재하며 바이러스와 공유하는
시공을 초월한 감각들
유빙으로 주위를 떠다닌다
강한 바람이 치맛자락 부풀려 올리며
얼굴에 감기던 날
언어유희와 존재가 그리운 계절
에코랜드 곶자왈을 걷는다
행성의 도피처에 머물며
환생의 관점을 위해 수작하다
소용돌이 푸른 잎사귀 속으로
그녀를 끌어들인다
몇 년 전부터 드라마를 쓰라고
권유하여 지친 그녀에게 원고지 뭉치를 내밀었다
브런치 작가인 그녀는
벌써 단막극 한 편 완성했다는 전문이다

소우주에서 대우주로 열리는 길
여보세요
늦은 밤 귓전을 울릴 때마다
오래전에 떠난 여인처럼 설렌다는 그녀
하 많은 인연 중에 유독 너만 있으면 돼
이 말, 나를 지배하는 착시
수직으로 뜬 그녀의 눈동자가 깊다

시간 퍼즐

봄 햇살은 불투명하다
카페 정원에 노랗게 빛나는 의자와
빨갛게 물든 의자들이
등 맞대어 영혼의 공간을 채우고 있다
메마른 포도 넝쿨처럼 뻗은 의자를 뒤로하고
우리는 성큼 카페 안으로 들어간다
케이크와 크루아상이 선택을 기다리며
진열장 조명을 받고 공간을 품고 있던 탁자가
존재를 알리는 빛의 공간으로 밀어 넣는다
태양은 시간의 지표를 세우고
앙상했던 골격들이 꽃눈처럼 피어
바벨탑을 오르는 듯 풍경은 동공을 흐른다
상파울루에서 보내온 엽서 읽으며
오 불쌍한 나이아가라여 북아메리카를 치켜세우고
이구아수폭포가 최고라고 우기는 브런치 강 작가는
남아메리카를 손꼽는데
아프리카 빅토리아에 뜬 쌍무지개가 더 멋있다는
김 시인의 목소리가 합체되어
절묘하게 시간 사이를 흐르고 있다
우린 나이가 건넨 퍼즐을 맞추며
세월의 폭포 소리를 듣는다

스몰 콤마

초여름의 끓는 열기
라이빗한 통창 뷰 스몰 콤마 세상을 품는다

저마다의 취향에 맞게
신분 쌓아 가는 베이커리 카페
휴양림 냄새가 골짜기를 덮어
우주를 돌아온 바람 품에서 아랍 티누이 댄서들이
흘리는 묘한 표정을 풀어놓고 있다

계절마다 변하는 파트너
노랗거나 희거나 붉거나
통창에 걸린 눈동자마다
휴일의 질량을 품는다

카프카의 '변신' 무기력한 어느 날
벌레로 변한 그레고리의 버림받은 이야기들
잔잔한 울림의 현에서

자연 휴양림을 돌아 푸른 숲길을 넘어
'웰컴 투 동막골' 지나 돌아 나온 무음
순간의 기억을 공유하는 채워진 찻잔 이채롭다

아이스블루

걸을 때마다
포켓에서 달달거리며
숨겼던 말들이 멘톨 향을 낸다

끌려가는 오전과
당기려는 열차를 중간에 두고
밀려오는 파도와 덮치려는 파도가 합체되어
반짝이는 검은 눈동자들

그녀가 어둠 속에서 젊은 입술을 열고
나를 끌어당긴다
숨죽이고 있던 내가 빨려 들어간다

목 구비를 흐르는 텁텁한 침샘
싱싱한 바다를 굴리듯이 목 안에 든 어둠을 빨며
아주 천천히 리드미컬하게 굴린다

아직도 혀끝에 남은 아보카도 생크림 사이에서
감추어진 향을 피워 올리는 아이스블루
눈동자들은 소리를 끄고, 기차는 떠나가네

16

포스트잇

잊힌 듯 빠져나간 녹말 분자의 희미한 자국 위에
새롭게 나붙은 붉고 파란 색채들
서재의 어둠을 밝히고 있다

상상으로 펼쳐진 날개는 오리무중
야구 배트에 튀어나오는 공으로
날마다 포물선 늘려 가는 지문들

붙잡힌 날들과 하나씩 빠져나간 기억들
꽃이 피거나 비가 되어 내린다

당신은 음악을 듣거나 나에게 주파수를 맞추고
나는 또다시 니체 전집을 펼친다

프로메테우스
오이디푸스 "무서운 운명과
디오니소스적 축제의 황홀한 소리"들
피안의 경계를 넘어 하얀 돛 올려 부풀리는데
아직도 약속된 언어 사이에서
닻줄에 펄럭이고 있는 포스트잇
언제쯤 건조한 일상에서 날개 펼친 자유를 얻을까

슈퍼어싱

반입자의 반물질로 변해 가는 시간
입자 고운 모래에 맨발 접지 중이다
썰물과 밀물이 교차한 자국
파도이랑 사이로 발등에 촉촉이 스미는 미네랄
몸속을 흐르는 양전자
접지될 때마다 음전자를 빨아들인다
우주의 에너지가 솟구쳐 뇌 감각을 깨우는
발바닥 근육 어느 행성에 불시착한 느낌일까

태양이 바다에 몰락하고
모래를 덮은 차광막 모호한 주문을 외운다
아이들은 바다 위에 찰랑이는 노을을 잡으며
가슴에 별을 심고
서핑을 즐기는 피서객들의 웨딩 행렬
낙타 걸음 실루엣으로 잠겨 간다

하늘을 깡그리 태운 태양의 불꽃 아래
나는 지구를 횡단하는 외계인
용천수에 발이 닿자 착시현상을 일으켜 풀리는 마법
바다로 모여든 까만 모래알 에너지
전신에 열린 모공으로 스민다

유체 이탈

밤의 노래 흙 속에 깊이 갈앉아 있다
눈먼 호흡으로 가파른 지렁이들
세상 밖으로 스멀스멀 기어 나와
물방울 흡수하며 밤을 더듬는다

개구리 울음 사방 천지 굿판 벌이고
술렁이는 새파란 잎새들
모호한 안개 숲 꽃을 덮는다

보이지 않는 경계를 이탈해
세상 밖 흉내 내다 허영의 덫에 걸려
목숨줄 잃는 아픔을 알지 못했다

갈 길 잃은 체온 휘발되어
밤의 노래는 별빛에 덮여 가고
땅캉스를 즐기다 변질되어 가는 숨소리
스스로 거름이 되어 가는 최후의 날

여기저기 동강 난 물음표 까맣게 탄 기원
폭염과 태양의 후유증으로
길에서 이룬 유체 이탈 도를 넘었다

열반의 부처

바다로 내려오는 해를 마주하고
천인대 바위 열반의 부처
기다란 손수건 한 장 펼쳐 놓네

모여든 사람마다 먼 눈빛으로
열반에 의문을 품지만
손등 불의의 주름살 쳐다보며
아무 말도 못 하고
손수건 위로 바위와 바다 사이
수많은 눈빛이 내려앉아
속세의 걱정이 흥건히 닦이네

열반하는 부처를 두고
바다는 길 잃어 흔적을 되씹고
기복을 위한 혜안과
지혜의 눈을 달라고 간구하는 사람들

속눈썹 없는 부처는 찬 기척을 내며
히말라야산맥 룸비니 마을
푸른 사라수 그늘을 펼치며
존재 없는 無를 불러들이고 있네

흙피리

호수를 밟는 안개 몸통 속으로
화전민들이 디디고 갔을 엷은 소음들
빛의 속도보다 빠르게 지나간다

전생에 나는 누구였을까
비스마르크 제도에 사는 초록 파푸아 달팽이?
그 빛처럼 이렇게 고운 소리를 낼 수 있는 거야

원시별이 태어나고 수명을 다한 별이 떨어지면
호수에 잠긴 달의 모서리를 퍼 올린다

팽나무에 허물을 벗어 날개를 달아 놓고
달려온 매미의 전생도 함께
물빛을 가진 슬픈 샘 늑골에 지니고 사는 거지

어느 새벽이 나를 깨워
흙을 빚는다

잉카의 먼 바람 소리 나를 관통하며
바람이 놓고 간 음절이 사계를 부른다

중세의 문을 반쯤 열고

중세의 문을 반쯤 열고
벤치에 앉아 자그레브 시가지를 내려다보며
몽환적인 얼굴을 한 조각상과 마주쳤네
그는 조심스레 다가서는
나의 심장 소리를 감지하고 있었네

코발트 벨벳 위로 어둠이 기어 와
은빛 빛나는 벤치에 슬며시 앉아
고조곤히 귓속말로 속삭이네
누군가 두고 간 시집 한 구절
"그대와의 거리는 죽음의 슬픈 힘이라고"
불확실한 영혼이 두렵다고 말을 거네

지중해에 찬연하게 피어
영원을 노래하며 한 폭 채운으로 물든
안툰 구스타브 마토스 시인의 얼굴

눈물 젖은 바람이 떠난 후
붐비던 로컬의 삶도 방향을 찾아 자리를 비우고
슬프고 끔찍했던 역사를
하얀 손수건으로 덮으며
아이리스 한 다발 두고
나도 그의 곁을 떠나왔네

밤의 적막이 창가에 귀를 세울 때
어쩌자고 당신은 기억의 문밖에서
아프디아프게 타오르는 생채기로 남아
까만 철탑에서 우는 시계 초침 소리
이명처럼 귓전을 울리며
해 질 녘 잔광으로 흔적을 남기고 가십니까

맨발을 성단에 접지하다

맨발을 다오
지구인이 무리 지어 오는 말발굽 소리
바벨탑에서 부서진 태초의 언어들이 발가락
사이에서 꿈틀거린 날

까슬까슬한 내 몸에
너의 맨발이 성단에 접지했을 때
내 기운을 네게 주고 싶었지

한 걸음 한 걸음 성단을 밟을 때마다
해마에 잠겨 놓은 기억을 허물며
세포들을 깨워 균형을 이루는 밤
신경과 혈관이 함께 혈액 펌핑을 하며
블루문과 함께 춤을 추는구나

맨발이여 어느 우주든 착지만 해라
구석구석 자극하는 미세한 근육들아
아주 천천히 호흡을 가다듬고
신선한 성단의 기운을 마셔 보아라

빠져버린 근육들 통통하게 살아나
온몸 장기들이 별의 기운을 받아
사슴 뛰어노는 혈액이 얼마나 신선한지
수분으로 촉촉하게 흐르는
심장 박동 소리 들리지 않는가

수억 광년 켜 놓은 우주의 불빛과
오감이 살아나는 새벽녘
눈뜬 맨발의 도시를 지나
어디든 접지해서 모색하고 싶어

생애 첫 밀회가 시작된 날
아직도 블루문은 지지 않고 우주에 떠 있다

당신의 창

깊이를 알 수 없는
당신의 마음

희미한 나의 동공엔
언제나 공기 청정기

부드럽게 고운
당신의 나래

늦은 밤
나를 허물며
잠 못 이루게 하더니

십 리 밖
꽃송이로 피어

나의 창가에
눈부신 그대를 열어 놓는가

발정의 시간

호박밭에 푸른 물 들고 사방 천지 개구리 울음

자기 주술에 목울대 잠겨 와도
온몸으로 부르는 세레나데
어둠의 경계를 넘고 있네

밤의 등골 속으로 잉걸불처럼 타들어 가는
절정의 순간들
물풀 우거진 늪의 오케스트라가 휴지부에 들고
한쪽으로 흰 달이
해오라기 젖은 깃털을 말리고 있네

메주고리예
- 모스타르에서 -

아드리아해 연안 항구에도
추억은 잠들지 않고 흐르고 있습니다
선생님 지금쯤 어디 계실까요
몽골과 중국에서 기립박수를 보내던 일이
엊그제 같은데 박수 소리만 귓전에 이명으로 남습니다
동정호에서 백거이 선생님을 뵌다고 월담하셔서
비림에 내리던 이슬을 만지던 선생님
지금쯤 백거이 선생님과 담소 나누며 지내시겠지요

평창 알펜시아 찻집에서 제자들과 마지막 이별의
잔인 줄 선생님은 직감하셨나요
오렌지 향기가 바람에 날리듯 성자 같은 선생님
음성도 그날 이후 구름 위를 날아가셨습니다
전 중세 도시 속에 내 삶을 잠시 내려놓고
쉬어가려 합니다
물이 흐르는 소리를 사랑하셨던 스승님
건반 악기보다 더 맑은 물소리
물안개 터트리는 합창 플리트비체를
난타하고 있습니다
프라하 도시의 밤은 살아 있고
유럽의 화약고라 불리는 발칸반도

푸른 여명으로 일어서는 강들도 눈을 떠
아드리아해를 넘어가고 있습니다
청명한 밤인데도 별은 흐르지 않고
몽골 어디에선가 달구지를 타고 등껍질이 빛나는
자작나무 숲을 지나는 선생님이
보일 듯하다가 하늘 속으로 숨어 버립니다

메주고리예 예수님 치유의 상에 엎드립니다
오른쪽 무릎에서 아주 조금씩 흐르는 물을
손수건에 적셔 치유의 부위에 대고 기도하면
기적의 치유가 일어난다고 해서 해가 지도록
순례자의 행렬이 이어지고 있습니다
손수건에 적신 치유의 손길 가슴에 댑니다

외줄 인생 너스레를 떨다가 헛발을 디딜 때쯤
춤사위를 내려놓고 유골함을 가슴에 지니고
인생의 반은 살다가 잊어 간다는 것을

스승님 편안하시지요
그리운 이들 모두 만나 회포를 푸시고
또 어느 날은 두고 온 제자들 한 명씩 이름 부르며
우주와 교신하고 계실지 모르겠네요
늘 행복했던 스승의 날
스승님이 안 계신 오월은 마리아 칼라스가 부르는
어떤 갠 날 성체를 흐를 뿐입니다

모자의 행선지

병원 로비를 들어서며 영안실을 검색하다
좌우로 움직이는 스크린 어디선가 본 듯한 구름모자
뿌연 하늘이 돌아가는 스크린에 앉아
어지럽게 시야를 붙든다
안경 너머로 호흡을 가다듬어 경련을 일으키는 눈동자
모자의 행선지를 찾아 골몰한다
오래전 아티타야에서 함께 라운딩 후 망고 농장에서
생크림처럼 부드러운 두리안 질감을 입에 넣고
세상 것 다 가진 듯 천상의 맛이라 환호하던 그녀
빠진 영혼이 잠시 수감되는
망자들의 지정된 호실을 가리키는 전광판
사라졌다 다시 돌아오는 망자의 얼굴
살아서는 쓸 수 없는 모자를 쓰고
과거와 현재 문장과 문상 사이로 부유하며
수면에 지구 반대편 계절을 끌어들여
겨울 강을 건너는 불멸의 악기를 켜고 있다
세월아 어쩌면 너만 가지
하필 구름모자 쓰고 가야 하니
지금쯤 요단강을 넘어 망자의 얼굴 삭제되는 전광판
하얀 국화 송이만 송이송이 남겨 놓고
그녀가 남겨 둔 발자국마저 지우려 습설이 쌓인다

베데스다에 내린 은총
- 시리우스에 동하다 -

우물가에서 헛되고 헛된 것을 구한 여인처럼
  세상 것을 구한 여인이었네

  베데스다 우물가에 내린 은총
시리우스에 이슬처럼 내려 내 마음 적셨네

  목마른 사람들이 시리우스에 모여들어
영원히 목마르지 않는 예수님 성체를 마시며
  가슴마다 뜨거워진 사랑의 꽃을 피웠네

당신이 열어 놓은 십자가의 길
말씀의 은사가 동이마다 넘쳐흘러
그 사랑 얼마나 아름다운지
누가 저 나단의 입을 빌어
복음 전하는 기쁜 뉴스가 되게 해 다오

지구에 구원의 배를 띄워
평신도 선교사를 세우리니
다윗의 가락으로 수금을 타게 하고
대그룹 날개와 소그룹 두 날개
맥박을 뛰게 하시어 창공을 빛나게 하소서

스톰베이

한나절 풍경 객실에 풀어놓는다
눈 속을 헤집던 황사 4월의 봄눈
벚꽃 되어 날린다
맨발의 투혼을 흉내 냈던 나이스 샷
공이 치솟아 지형의 기울기 속으로 잠적한다
홀마다 베일에 싸인 바람의 향방
루이 우스트히즌 날린 앨버트로스 전설은
어디쯤 흐르고 있으려나
생은 알 수 없이 흘러가듯
삶은 각자 다른 문장으로 흘러가고
행간마다 자유로운 영혼의 부유물
아직도 당신에게 닿지 않는 거리
집착이라 하나요

모자라는 영역 앞에
세포가 살아나듯 늘 팔딱이는 심장
이 병 언제쯤 멈출 수 있을지
베링해 빙산이 녹기 전
행여 오늘 밤일지라도
모자람의 거리에 들 수 있게 하소서

제2부

이상한 관계

어둠과 새벽이 서로를 만진다
새벽이 오지 않도록 움켜쥐면서
그녀는 운동화를 신고 맨발의 남자와
얼굴 마주하며
가을을 소리 내어 밟는다

어둠 헤치는
깨진 빛 부스러기

사각지대
손과 손의 관계
밀착한 가슴과 어깨 사이
과육이 밴 첨단 사과를 베어 물고
느슨해진
애인이 허리를 휘감은
불온한 욕망의 눈빛을 가리는
밀당 숲길에 만발한 안개

우주 균형이 흔들리듯이

은밀하게 지구를 누르는 코로나 블루
익숙한 방식이 소멸되어 우주의 균형을 흔든다

불확실한 나날이 인생이듯
한 번도 경험하지 못한 COVID-19 전 우주를 강타한다

일상의 많은 것들의 UNTACT 문화로 길들어 가고
인간과 인간이 막힌 담
거리와 시간이 멈춘 황량한 바람도
흔들리며 출구를 찾는다
오감으로 소통하는 호모 엠파티쿠스가
인간 전환 시대로 이끌게 될지 모를 일이다
빛나는 인류를 구원함이 로고스
하지만 작은 사랑이 구원일 수도 있다
가지 끝 결박한 바람을 풀며 우주에 백설이 내린다

별자리를 깨고 젖은 달 속에서
소복을 하고 그녀가 걸어 나온다
온 인류를 焚蕩(분탕) 친 죄
십자가 同苦(동고) 십자가를 지고
골고다 언덕을 오른다

스카이 워크

지구본인가
공룡알을 옮겨 왔나
만학천봉 위에 세워진 스카이 워크
해발 80~90m 회전경신로 따라
덱 길 오른 전망대
공중을 향해 날개 펼치듯 뻗어 있는 스카이 워크
산 위에 서 있는지
강 위에 서 있는지
남한강과 견주며
데칼코마니처럼 서서
도담삼봉을 넘는다
녹색 분말을 뿌려 놓은 산
하늘을 나는 패러글라이딩 도전해 볼까
알파인코스터 타고 최고속으로 내달려 볼까
짚와이어 줄을 타고 로켓 발사로 날아보면 어떨까
무심코 내려다본 발아래
삼중 텅 빈 유리알 천 길 강바닥
쿵 내려앉은 현기증
누군가 "악" 소리에 정신이 번쩍
안개에 가린 소백산
옥색 비늘 털며 허허 웃는다

클라이밍

보이는 것은 하늘뿐
한 땀 한 땀 오른 천국을 향한 바람벽
가파른 내정에
휘젓는 작은 손이 떨리며
동공이 흔들린다

체중 이동하는 밤마다
어둠을 살라 버리고
홀더를 잡을 때마다
빗나간 나의 손을 붙들며
가속도가 붙는 질량을 등에 업는다

나의 소원은 오르고 오르는 것뿐
나를 데리고 노는 제어할 수 없는 힘 앞에
매번 쓰러져 우는 외계인

특별한 여름밤

지구 반대편 지구에서 가장 빠른 사나이
볼트가 궁금한 날 유실수 터널을 지나
수변 무대 관중 속으로 눈을 돌린다
물 위에 흐르는 겨울왕국 영화음악 모음곡

여름을 날리며 뒤척이는 숲들이 일어나
샛강은 모스부호를 쏟아내며
눌러 놓은 여름을 렛잇고로 장단을 맞춘다

십자가 밑에서 오열하는 뮤지컬 영웅 장부가
고뇌와 두려움 열창하는 뜨거운 목소리
호흡을 멈추고 스크린에 눈을 수직으로 꼽던
불타는 금요일
숲을 흔들어 놓은 뮤지컬 하이라이트

눈 덮인 산이 내게로 오는 듯
여름을 되돌리는 Let it go, let it go

바위벽이 뜯긴 홀더를 붙잡고
빗나간 팔을 붙들며 수직으로 오르던 밤
갈 곳 없는 볼트 세상 안으로 들어오고 있다

해상 파노라마

흰색 캐빈
유달산을 넘어 고화도로 가네
숨어드는 낙조에 마음을 두고
사람들은 진수 풍경을 안고
구불구불한 가슴에 불을 켠 채
제 길로 엮어 간다
천사의 다리와 다도해 서해 바다
도심과 항구를 이어 서로의 자리에
한 쌍의 등촉을 밝힌
마음의 江
생애의 투명한 올을 뽑아내고 있다
삼학도 밝히는
남한 제일의 해상 케이블카
고하도 넘나들며 위상을 높이고
다도해의 낙조
몽골 초원에서 만난 그 눈빛
떠오른 또 하나의 풍경
갈리는 시간을 베어 가고 있다

꽃잎에 넘어지다

로베르트 슈만 "숲의 전경 중 예언하는 새"
현을 퉁긴 잔잔한 울림으로
물이 흐르듯 새가 날갯짓하듯
공명통을 가슴에 맞대고 숨을 고르고 있다
신비한 가락으로 하프를 연주하는 에마뉘엘 세송
깊은 선율 속으로 강이 열리고 있다

베틀에 앉아 비단 자락을 풀어
직녀가 은하의 물결을 수놓듯
47개의 현들이 일제히 날아올라
유려한 흐름의 진공 속으로 우리를 몰아넣는다

나는 숲속 그물망
감미로운 음색에 젖어
그 깊고 아늑한 요람에 누워
꽃물결에 춤추는 흰나비

몽환적인 멜로디로 연주하는 에마뉘엘 세송
수금을 타는 오르페우스를 불러들이고
남태평양 오두막집 타이티섬 '아티'도 불러들이네

어떤 이는 잊어버린 의미를 찾아
떠날 것을 약속하고
백만 년 살아 움직이는 빙하의 내력을 찾아
노르웨이 플롬 로맨틱 열차를 탈지도 모를 일이다

봄눈을 틔우며 나신으로 춤추는 분수
물보라에 젖어 꽃잎에 넘어질 때까지
나를 흔들었던 남은 잔상들
이오니 바다에 별로 떠 구름의 등대를 만날 것이다

너를 만나러 가는 길

흑담즙을 한 지렁이들 등을 말리는지
말라 가는 것인지
악몽을 꾸는지 요동 없는 숲을 지나
빠삐용이 딸랑거리며 영역을 취하고
따라올 때까지 뒤돌아보지 않고 걸어야 하네

지절대던 빗소리
돌아오지 않을 오늘을 기억하며
우중충한 날에도
코뿔소같이
톡톡 튀는 암사슴같이
눈을 말똥거리며 따라오는 만보기

영동 4교각을 지나 메타세쿼이아 길을 넘을 때마다
알프스산맥 눈꽃 밀 맥주 카페에서 스미는 차향
계절이 꽃잎 지듯 흐르는 여름을 지나
거리에 낙엽이 발을 묻을 때까지 걷고 또 걸었네

절묘한 맛이 생각나는 아침이네

신선한 채소와 소스
이왕이면 싸이버거 세트면 좋지
육즙이 부드럽고 두툼한 롱 다리 살
둥글고 맛있는 수제 버거를 받으려면

나에게 8,400캐시가 필요해

너를 만나러 가는 길
아직도 남은 2,500캐시
남은 시간을 재며 사물들의 이름을 부르며
어제와 같은 방식으로 걷는다

언제쯤 당도할 것인가

노년으로 가는 길

팔자주름 사이로 터져 나온 생채기
은빛 새치들이 바람에 날려
물이랑에 자맥질하며
나이를 자꾸만 건져 올리고
젊다는 감언이설에 날마다 춤을 추는 피에르

4박 5일 페어웨이 날린 샷
잔디의 숨결 바람을 타고 진하게 코끝을 스치며
조금씩 비거리의 변동이 생긴다는 걸
바탐섬 팜스프링 CC 5일 만에 알았다

30년 비거리 180m를 유지해 온
경쾌하게 날린 드라이버 놀란 캐디
마담 아일랜드? 노 - korea
당당하던 콧노래 멀리 정오의 빛에 휘어져 간다

각 세운 시간 노년으로 입문하는 길
잔디에 익은 걸음이 가벼워지고
원앙 한 쌍이 생의 균형을 잡으며
미끄러지듯 해 지는 쪽을 향해 날아가고
멀어지려던 젊음이 피어오른다

기차는 떠나네

꽃잎마다 앓는 소리를 내는 우거진 9월의 숲
국적 없는 비는 멈추지 않고
날 세운 성난 물결
광란의 질주로 분탕질이다
누가 나를 저주하는가
몸집을 키워 고삐 꿰어 길들이려 하는가

몸 안에 새긴 문장 소리 내어 우는데
야성이 풀리지 않는 밤이 너무 길다
어둠의 뼈는 녹아내려
살냄새 코를 찌르는데
수증기 분화를 품은 나에게
더 이상 찬 공기 부여하지 말아다오

누가 마라강을 건너는 누 떼를 멈추게 하는가
잠든 강물에 바람을 넣어
북 치는 심장 멈추게 해다오

힘겹게 부르다만 노래
애절한 음조가 강을 넘는데 기차는 멈추지 않고
슈퍼 태풍은 한반도를 떠나가네

회전문

물상에 드리운 무성한 초록 잎
고요를 깨우는 오봉산 계곡
세월의 무게를 견디며
미소로 도를 깨친 청동상
몇백 년 되었을까

짝사랑 놓을 수 없어
소쩍새로 울지 못하고
찔레로 피지도 못해
그녀 몸에 칭칭 감아올려 붙어사는 상사뱀

형틀에 매달린 피를 토하고
공포에서 벗어나
사라져 가는 것들 붙잡는 일이다

방랑의 길에서 만난
산사에서 흘러나오는 범종 소리
황홀한 소용돌이 속으로 몸을 숨겨
정갈히 몸을 씻는다

그녀가 할 일은 상사뱀에서 빠져나와
원혼과의 경계를 짓는 일
베일이 벗겨지길 소원하며
가사를 손수 지어 바친 청량사

인간과 인연을 끊고
해탈의 길을 가는 상사뱀의 윤회
회전문으로 돌리는 길
얼마나 생기롭고 따사로운 일인가

사랑하고 사랑할 날이 있다는 건
또 얼마나 다행한 일인가
윤회의 생을 알려 주는 깨우침의 미소
사라져 가는 것들이 눈 뜨고 있다

추억의 밥상

별처럼 흩어져 살다
뉴욕에서 60년 만에 잠시 귀국해
소라클럽을 수소문하는 동안
태초에 금단의 열매를 베어 물기 전
에덴의 오솔길을
함께 거닐던 아담과 이브를 생각한다

과거에 우리를 쳐다보던 빛이
지금도 보고 있는 별
그 별 사이에서 유독 빛났던 세븐스타
제주에서 서울로 유학
진명여고와 대학 졸업 후
미국에 거주한 지 60년 만에
잠시 귀국한 정인을 위해
세븐스타들은
지방에서 청춘열차로
김포공항에서 언제나 중심이 되던 우리 집으로
연모하는 마음들이 몸체를 드러냈다
미국 국적에서 한국 국적을 취득한 모든 사람들의
선망의 대상이 되었던 독보적인 존재는 아직 독신녀
그녀가 중2 때 소라문학지를 탄생시키고

풋풋한 우정이 영글어 갈 때 서울대 졸업 후 초빙되어
뉴욕으로 떠나고
한 명은 재직 중 결혼과 동시 프랑스로 떠났다

60년 30년 몇십 년 만에 보는 얼굴
눈 속에 묻어 둔 친구들
먼 시간 여행을 떠났다 돌아온 것 같았다
절절한 언어의 섞임
무쌈말이처럼 아삭하고 달콤했다
그녀들은 어머니의 눈 속에 있는 바다를 꺼냈다
친구들이 놀러 오면 어머니는
손질해 둔 보말참고동을 꺼내
쫄깃쫄깃 고소한 보말죽과
메밀을 얇게 구워 양념한 무나물을 넣고
말아 놓은 메밀전병
두레상에 앉아 수다를 떨었던 추억의 밥상
그리워했다고 했다
친구들을 위해 이틀 전부터 어머니의 손맛처럼
부산하게 움직였다
현관에서 손님을 맞이하는 블루 장미
각기 다른 장미들의 방마다 화사하게 피어
손님을 맞이하고 정성스레 플레이팅 했다
고추잡채 꽃빵과 달달 볶은 고기와 훈제오리
무쌈크레이 양배추 깻잎 닭가슴살말이
전복찜 해풍에 잘 말린 영광굴비

새콤달콤하고 아삭한 숲속 향기
해초 내음이 입안에서 벙글어지는 맛이라고도 하고
원기 회복을 위한 깊은 육수로 우려낸 전복미역국
환상의 종합 예술이라고도 하고
어머니가 차려 놓은 추억의 밥상 같다고 했다
겹겹이 말려 있는 꽃빵을 살살 풀어
갖가지 양장피로 싸 먹는
아삭한 식감 입에 사르르 침이 고이는 매실장아찌
전어구이에 집 나간 며느리가 돌아왔다면
어느 집 나간 남편도 돌아올 것 같은 입맛 돋우는
조물조물 무친 달달하고 상큼한 이 맛 아닐까

한라산 눈꽃과 영실 은빛 억새밭 추억을 부르는
80을 바라보는 노년의 후회 없는 삶을
살 수 있는 까닭은
모두 하나님이 지명하여 부른 믿음의 친구들
각 지교회에서 요직을 맡아
주님과 온전히 동행하는 삶
헌신하는 아름다운 섬김들
우리를 십자가만큼 사랑해 주신
예수 그리스도 그분 앞에 엎드려
때에 따라 돕는 만남의 축복을 주신 주님께
영광을 돌렸다

저 높은 곳을 향하여 주님과 동행하며

오르는 길목에 서서
시간을 돌려놓은 염색 머리 소녀들이 차를 마시며
하얗게 웃는다
내년 봄은 멀고
눈이 아프도록 얼굴을 보고
두 발 아프도록 양재천 꽃길을 함께 걸으며
이 봄을 사랑하며 추억을 남기고 돌아갔다

밤이 깊은 데도 소라들이 남긴 흔적들
밤새 만든 고추잡채 꽃빵 주꾸미 낙지볶음
전복찜은 자기 맛이 일품이라 토해 내고
우수 지난 봄바람이 섞여
꽃숭어리들이 창가를 기웃대고 있다
요리는 내가 했는데
치우지 않은 접시들 저들끼리 수다 중이다

선물로 남기고 간 귀한 것들
장식장에 보물처럼 두고
천연염색 보라색 긴 머플러
갓 태어난 별처럼 반짝이고 있다

정류장 소묘

외로운 들길에 루드베키아
낮달을 정수리에 이고
차가운 몸짓으로
꽃잎을 흔드는 여름 여자
숨은 노을 산자락에
찾다 놓쳐 버린 날개
꽃잎에 꿈을 건 나비
돌아올 길 찾지 못하고
사랑을 잃어버린 잎을 접는다
차량 행렬은 가물가물
소실점 남기며 사라져 가고
목초지에서 돌아오지 않는 가을 남자
생각과 계절이 하늘로 빨려 들어간다
빛 속으로 사라진 새들
삼각 계절이 하늘로 빨려 들어간 뒤
찢어진 기폭 사이로 돌아온 오로라
물기 젖은 바람을 타고
계절이 비켜 앉고 있다

로고스를 찾아

수목 터널 앞에서 멍때릴 때가 있다
어느 길로 가야 할지
상단과 하단 고양이가 지나는 길과 능청스레 내 앞을
가로막아 놀라게 한 너구리 한 쌍을 만났던 길이다
귓바퀴 동글하고 여린 주둥이 뾰족한 입
그늘에 묻혀 보일 리 없다
동면은 아직인데 거꾸로 매달리는 박쥐와
도토리 줍던 다람쥐는 어디 갔을까

패각 속에 잠든 달팽이를 보며
영혼의 거처를 생각해 본 적 없는 내가 로고스를 찾는다
영혼의 거처를 잘 알고 계신 그분이 왜 존재하는지
내가 모르는 일 은밀히 알고 계신 그분께
두 손 모아 의탁하고 싶다

송이송이 국화 송이만 남겨두고
이사철 아닌데 국적 옮겨 버린 영의 세계
발 디딜 영혼의 무게 있긴 한 것인가
돌아오지 못할 강을 넘는 팽팽해진 우주
경계선 앞에서 한 발 더 나가지 못하고
우주에서 우주의 안팎을 찾는다

마네킹

인간 모조품 레일 위를 달린다
물구나무선 기하학적 모양들
서로 다른 표정을 하고
스토리를 담아내는 의류매장 쇼윈도
시즌마다 시크하고 럭셔리한 디스플레이
구매 욕구 충동질 시선을 사로잡는다
밀치고 남기고 하루를 소진한 마네킹
차가운 가슴을 물들였던 눈빛
교신하는 문명의 실루엣이 마네킹 찾는다

욕실에서 방금 나온 마네킹
침대 건너 쇼윈도 위에 엎드려 있다
뚱뚱하고 윤기 있는 우윳빛 육체
저것은 내가 아니므로
내 마네킹 아닐 확률이 높다

피안을 바라보는 눈이 퀭하고 깡마르면 모를까
심장을 깨우는 '갈라테이아'에게 입힐 옷이면 모를까
기억의 숲을 물고 어둠을 주고받는 동안
허공에 걸린 달이 휘장을 걷고
내가 아닌 그녀가 화장을 고친다

멜랑콜리

호모 하빌리스 두개골, 당신이 잠들어 있을 때
우주 이후, 정지된
시간이 흐르고 있었어
아래턱뼈를 보고 275만 년-280만 년
인류 조상이라 할 수 있을까?
바다가 하늘을 흡수한 사이 고생대 캄브리아기

사순절 봄이 부활한다
분주해지는 신사임당 금빛 지폐
길 가다 멈춘 붓다가 부활을 꿈꾸고
가시면류관을 흔들며 채찍 맞으시던
예수가 걸어 나온다

산다는 것. 유골함을 가슴에 지니고 가는
'피투적' 피조물
인생의 반은 살다 잊어가는 것
그림자가 있다는 것이 우주 안에 있는 증거
먼 잉카의 바람 소리
호모 사피엔스 인류 직계 조상이래

장백폭포에서 아버지 물소리

가끔 꿈으로 오시더니
궤도 잃은 별 하나 창에 떨어진 밤
오사카에서 유골함으로 고향으로 돌아와
가족과 함께 새운 밤을 기억합니다

백두산 천지, 탐라에서 백두까지 함께 가자던
아버지의 발걸음 마르기도 전에
患者들은 어찌하시고 이슬 밟듯 일찍 오셨습니까?
끝없이 타오르는 절규
흔들리는 도시 위로 어둠을 채워
눈처럼 흰 수피의 눈물 바람으로 말려 주셨습니다

일송정은 그대로인가
아버지 아무리 불러도 멈추는 건 하나도 없고
두만강 갈대숲 나룻배만 뒤척일 뿐입니다

당신은 큰 강이었고
백두산 천지 천(千)의 얼굴을 한 푸른빛
거대한 육질 밖으로 쏟아 내는 장백폭포였습니다
아! 나는 무심코 스치는 미풍에도 쉽게 숨결을 느끼며
당신은 말없이 흐를 뿐입니다

제3부

죽음을 비추는 사바나에 비가 내린다

비가 내린다
자카란다꽃들은 비에 젖고 어떤 것들은
열매를 맺어 흔들리고
또 어떤 이는 생의 마지막 이별을 위해
카니보르*에 앉아 붉은 토양의 눈물을 흘리네

벌겋게 달아오른 임팔라. 타조. 악어. 고래
황톳빛 살점들
한 점 한 점 음미하는 입속에
비릿한 잉카의 바람 소리

친구여
사바나에서 킬리만자로 눈을 보며
검은 대륙을 횡단할 때
대서양에 떨어지던 노을에 걸린
휘황한 자태를 기억하는가

'폭풍의 곳' 세찬 바람이 기폭에 나부끼고 있을
그대의 생각으로 흔들리고 있는 것이라네

영과 육이 분리될 뿐,
몸 안에 있던 자, 몸 밖에 있던 자
나도 긴 여행을 마칠 때쯤
한 발 태양 속으로 다가서는 생명나무 아래
조로아스터 그 사내가 보일 것이라네

*카니보르: 야생 고기 전문점 육식동물이란 뜻을 가졌다는
레스토랑.

포시즌 어데이

셰프들이 신선한 치아바타를 굽는다
발사믹 올리브 향이 흐르는 창릉천
의식 속에 간직했던
쇼나 조각들 시선을 끌어들인다

희망봉을 여행하다
잠비아와 보츠와나 국경 짐바브웨에서
돌을 세공하는 원주민들을 본 적 있다

영적 세계를 돌로 미화하며
내면의 소리를 전달하는 돌의 영혼
모든 사물의 영혼을 믿는 애니미즘에
눈망울 굴렸던 기억을 떠올리며
우리 언제 만난 적 있죠
국경에서 아기 업고 순례의 길 준비하더니
아주 이곳에 이주했나 보네요

전생에 짐바브웨 살았지만
고향 잃고 우주를 돌며 머무는 곳이 고향이지요
부비새가 되어 날고 싶은 뭉클한 눈빛
피카소 마티스 드랭들 찰스 국왕 숨결들이 느껴져요

60

돌에게 영혼을 판 도미닌 벤 프라이
산 자의 몸을 두드리며 거침없이 세공하는 망치든 손
인식의 무게를 교차하며
분절되는 시간을 붙잡고 있다

치아바타를 내놓는 셰프의 손등이 검다

칸트의 방

존재하는 신의 시간
흔들리듯 지구 밖으로 돌고 있다
지식을 팔던 소피스트 시각 밖으로 사라지고
헤겔 칸트의 파이프를 들고 나타난다
스페인제 지팡이 느린 걸음걸이
시간 어긴 적 없는 3시 30분
영류를 받은 형이상학적 얼굴을 한
그를 기다리는 밀착된 우주
신의 계획을 감지한 듯
자유의 날개 펄럭이며
도달할 빗방울 속에 음률을 만들어 낸다
몸으로 전해지는 무언의 교신
아테네 흰 장미 가득한 칸트의 카페
영원히 오지 않는 그를 기다리며
사유의 찻잔에 연하게 우려지는
밀폐되어 풀지 못한 말들
발자국 없이 알프스 국경을 넘는다

차마고도

순례자의 탑돌이를 지나 야크가 걷는 속도로
뜨거운 시간이 흐르고 있다
시작과 끝을 이은 아득한 먼 길
타르초 무명천 깃발이 손짓하는 천상
하늘에 남겨 놓은 비행운 따라 마방 사람들이 걷는다
아버지 늙골에서 란창강 물이 흘렀을 협곡
오스트랄로피테쿠스 화석인류가 지났을지도 모를
되새김질하는 낙타의 눈물이 증발하고 있다
잔도에 빛나는 붉은 속살 뭇별들
성호를 긋고 떨어지고
홍염을 얻으려 등짐을 진 마방 사람들 설산을 넘는다
지구가 흘리고 간 마법의 길
몇 겹의 전생을 이은 아득한 나라 차마고도

다뉴브강의 신발*

글루미 선데이 우울한 음조를 밟고
세체니 다리를 건넌다

부다와 페스트를 가르는 강물은 잿빛으로 잠겨 있고
강둑의 갈 곳 잃은 신발들 찬바람을 맞고 있었네

추모객들이 밝히는 촛불의 낮은 흔들림
가느다란 울음으로 사그라든다
그린 마일로 가는 벼랑 끝
신발을 벗어야 하는 까닭

그때
하나님 모든 것이 가능하오니,
이 잔을 내게로 옮기소서
들어주었을 리 없는 하나님
대지의 뜻과 하늘의 뜻

斷末魔의 비명, 몸을 안고 요동쳤을 강물
검은 비둘기 떼 강 속에 박혀 있는 울음을 걷어 낸다
누군가 남기고 간 목이 꺾인 꽃들 위에
땅거미 내리고

트램 위로 날아가는 이승이 궁금한 나비 한 마리

*다뉴브강에서 죽임을 당한 유대인을 그리는
 신발 68개의 조형물.

신의 부활

천년 정글의 신비 깨어난다
라테라이트와 스펑 나무 사이 휘감아 도는 정적
430년 경직됐던 몸들이
문고리에 걸려 흔들리는 메아리
자야바르만 7세가 어머니의 극락왕생을 위해
지은 자야바르 사원
침식되고 부서진 틈으로 중세의 바람이 들락거리며
닮은꼴들 사면 상들 불러들인다

온몸으로 사원을 칭칭 감아올리는
변질 없는 얇은 숨소리 나는 너에게 너는 나에게
사원과 스펑나무의 공생
벌이 꽃가루와 상리를 나누듯
자연과 문명이 공존하는 무형의 세계
신의 내통으로 숨 쉬는 정글

강물 끌어들인 인드라바르만 1세
수상사원을 짓는 롤로오스 바르만 1세
바람의 형상으로 찾아든 신들의 울림
내려앉은 타프롬 사원
크메르 왕조가 부흥의 생명 일으킨다

맹그로브 통신

바다 위를 걷다 길을 잃는다
롱테일보트 윙윙거리는 기계음이 경로를 이탈한다
낙타 눈을 한 스콜이 변주하며 강과 바다를 적시고
사색하는 맹그로브 정글 사이로
심장 속 풀무질하던 생각들 구름에 풀려나간다

시간이 원형으로 돌지 않고 직선을 알아내고 있을 때
검은 대륙의 블루 꽃무지개는 지고 있었다

강이 허락한 시간만 사는 맹그로브 나무
신이 허락한 시간만 존재하는 나
너울 사이로 생존의 질감을 어루만진다

부유하는 섬들이 파란 날개를 퍼덕이고
마지막 노을을 붙들고 선
원시별에서 터트리는 첫울음의 사유
사라지는 것은 사라지는 것이 아니라
사유하는 것이다

룩아웃포인트 등대

그날 밤
발굽 닳은 등대가 달무리를 두르고
찰박찰박 물소리를 내며
달빛을 타고 걸어왔다
힘없이 숨을 몰아쉬고
검게 물결치는 밤의 입술로
뱃속에 있던 대서양 물을 쏟아 냈다

몸에 붙어 있는 문신들
숭숭 바람 소리를 내며
욱신거리는 몸을 비틀 때마다
폭풍의 곶 바람이 들락거리고

수몰된 루지탄야호
꽃불 든 무녀가 수신을 보낼 때
텅 빈 동공들이 흔들리며
난파선의 문자들이 해안선에 뜬다

희망봉을 찾아왔던 숱한 사람들
새로운 시작이 열리는 곳이라며
말을 걸며 문신을 남기고 돌아가고
문신들은 떠돌이별이 되어 궤도를 돌아
어디쯤 흐르고 있을까?

천년을 두고 해토에 뿌리를 박아
폭풍과 끝없는 어둠, 안개 서릴 때
몸의 교신으로 온몸에 불을 밝히고
희디흰 목소리로 뚜우–뚜우
배들이 무사히 귀향하기를 빌었던 바다의 천사

지금은 노쇠해 잠시 외출 중
솟구쳐 오르는 바다를 관통시킬 불씨 키워

나 이제 돌아가고 싶어

대서양의 빈 의자

발굽이 닳은 빈 의자
등받이에 걸린 달을 지우고 있다

아굴라스곶 뾰족한 바람
지구를 돌아 깊어진 적막을 허기로 채우고
인도양과 남극의 난류가 합류하여 우는 소리
세상 밖과 모스부호 통신을 한다

희망봉을 찾는 걸음마다 격동의 감정 눌러
흘러내리는 문장을 꺼내 놓고
인생의 한순간을 문신으로 새기고 돌아가는
생각보다 더 많은 일상
어둠의 파도 밀어낸다

내 서늘한 자리는 수평선을 넘지 못하고
지구 밖 사람들이 놓고 간 흔적들 모여 앉아
살갗에 새긴 시어들 허공에 수작을 걸며
어머니 양수를 찾아 온화한 밀담 나누고 있다

신성한 노동

긴 하품에서 깨어나 스콜성 소나기 힘차게 쏟아 낸다
철철 넘치는 빗속 사이로 왕파리 한 마리
잽싸게 날아가고
숨구멍 열어 놓은 땅의 열기들
대지에서 스멀스멀 기어오를 때 신성한 노동을 부른다
시간의 정점을 향해 과묵하게
근육을 움직이며 뚜벅뚜벅 사막을 걷는 일

구름 한 조각 눈썹에 달고
핏플랍 샌들을 동여맨 산토리니 소녀
코코넛을 들고 집채만 한 등에 앉는다
코끼리와 사람 사이 시커먼 그림자가 채찍을 든다
벼랑길에서 흔들흔들
정글 속 나뭇가지를 흔들며 들썩들썩
온몸을 회전하며 자지러지는 비명들
끄라비 석회암 절벽으로 어둠이 모여들고
반복하며 걷는 길 위에 떠난 소리들이 되돌아오고 있다

흠…… 바로 이거야 절묘한 喜悅 300밧
여전히 신성한 노동을 싣고
사바나 노래를 부르는 푸껫 코끼리

미르고이*

둥근 돔 아케이드 담쟁이넝쿨
이승과 저승 경계에 푸른 발을 딛고
삶이 촉수를 확장하고 있는 동안
이승의 바람은 산 자의 집과 경계를 두고
죽은 자의 집을 넘나들고 있다

누군가의 죽음이. 아무나의 죽음이. 무참한 죽음들이
횡렬과 종렬로 휘장처럼 펼쳐 있어
현재, 미래, 과거로 치장하고
중세 시대 기억을 더듬고 있는 거대한 십자가

바람이 영혼을 데려가 이곳에 안치했을 때
마타리꽃은 바람에 흔들리고
세상에서 가장 아름다운 묘지
천상의 휴식처라고 일러 주며 만성절**을
기다리라 하네

그날이 오면, 그날이 오면……
마타리꽃은 개화하고 일제히 빗장을 여는 영혼들
세상 것 다 놓친 자. 하늘 아래 것 다 가진 자
죽음을 통과한 지구인과 함께 가면무도회 춤을

마모된 어둠 속
영혼을 지배하는 붉은 십자가
적요한 무덤을 닫고

나는 나무에 붙어 있는 텅 빈 동공 앞의 램프에
불을 밝힌다

*미르고이: 크로아티아 자그레브에 있는
  유럽에서 가장 아름다운 묘지.
**11월 1일 잠든 무덤에 램프를 켜서 불을 밝히는 날.

에르헬호수에서 만난 휘파람 소리

당신의 거대한 체구에 모세의 지팡이가 들려 있었지
한평생 묵은 등피를 가르며
어린 양 떼를 거느리는 휘파람 소리
게르의 굴뚝에선 장작 타는 냄새가 났어
국경에서 에르헬호수를 만나려다 길을 잃고
우리는 만났었지
잔뜩 겁을 먹은 나에게 무언의 눈으로
성근 이빨을 드러낸 눈웃음을 감지했지
해치지 않을 것임을……

당신과 나 운명의 궤적을 생각해 보기로 했어
페보니아 꽃잎을 따며 떠돌아다닌 국경 마을
어느 광활한 초원에서 양 떼를 키우며
노매드 유목민의 창조의 삶도 괜찮을 것 같아

게르 속에 잠든 밤
세상 별들이 다 여기에 모였나 봐
어찌나 쏟아지던지 눈처럼 펄펄 내려와
내 품에 안겨 새벽잠 자다 홀연히 하늘에서
날 바라보고 있었지

그는 양 오백 마리가 자식이라며
숱한 밤을 천 마리로 만들기 위해 나이를 먹고 있었지

3시간은 그리 길지 않았어
울란바토르 공항에서 잊어버린 그녀를 찾느라
질풍같이 달려온 구출함이 당도할 즈음
에르헬호수는 양 떼의 갈증을 해소해 진홍빛 노을로
물들어 가고

상기된 그녀를 태우고 떠나는
헬리콥터를 바라보는 호수
멍때린 모세의 지팡이는
아직 모세의 손에 들려 있었어

피오르 氷河

결빙으로 살아온
신비를 감춘 당신
언제부터인가 하중을 견디지 못해
곱사등이 되어 부식되고 있었어

당신은 출렁이는 꿈속에서 어둠을 만나
금이 간 뼈 사이로
만년의 긴 시간이 문을 열고
빙하기에 잠든 기억을 더듬어
연대기를 풀어낸 행간 속에 흐르는 신비의 눈물
투명한 벽을 타고 흘러내렸지

눈물로 깎고 다듬어 낸 U자 형상들
협곡 사이 수천 갈래로 명주실 타래처럼
부서져 내리는 푸른 폭포수
백야의 걸린 달이 얼음 궁전을 깨며
이카로스의 작은 깃털을 단 고립된 유빙의 밤

설선이 상승해 올라갈수록 아름다워지는 당신
푸른 빙하에 눈부셔
감각적 세포들이 일어나 통점을 찍는다

카니보르

다양한 인종들이 곳곳에서 모여드는 푸른 밤
인류 뒤에 오는 종을 기다리며
황톳빛 살점들이 농익어 흐느적거리는
임팔라와 톰슨가젤의 부드러운 살점
현생인류가 발라 먹는다

네안데르탈인이 돌칼로 발라 먹듯이
요하네스버그에 내리는 비는
카니보르* 지붕을 두드린다

빗방울은 정오를 적시며
현생인류의 눈물을 닦고
나는 또다시 돌칼을 든다

불길에 튀는 야생의 살점을 발라 먹은 사실을
인류 뒤에 오는 초인 기록할 것인가
목젖을 흐르는 비릿한 향미
타르 같은 어둠 속 야생의 울음소리
외계의 시간을 넘는다

*요하네스버그 근교에 위치한 야생 고기 전문 레스토랑.

플리트비체*
- 물의 세계 -

창세 이전의 숨결인 듯
아드리아 바람 말간 얼굴이 불어온다
다양한 목소리로 빛을 굴절시키며
수십 갈래로 쏟아 내는 물의 보폭들
발길 닿을 때마다 거대한 전율이다

오늘은 슬로시티로 나비같이 높이 날지 않아도
행글라이더를 펴지 않아도 좋을
물들의 변주놀이 하얀 등뼈 속으로
경전에 입문 중인 수많은 말들이 공기를 밀어낸다

강을 넘어가는 유니콘의 뿔처럼
무적의 힘으로 용솟음치는 맹목의 물보라
유고슬라비아 역사 속으로
천년을 쏟아내는 폭포들의 함성을 듣는다

시간의 강을 가르며 물의 질량을 해산하는
물의 제국 속으로 포로가 되는 마법의 시간
트라키아 후손을 만날 것만 같아 수량이 절정인
벨리키폭포 바위섬에서 절명의 순간을 기다린다

*플리트비체: 크로아티아의 세계적으로 유명한 국립공원.

탈아리궁에서

적벽강과 채석강 사이 한나절 중생대 소식을 듣는다
네안데르탈 어찌했다는 현생인류,
번성했다 사라져 간 디노사우스
존재들 속으로 형체를 잃어버린 시간들이 흐른다

용의 여의주 물려고 트림하는 동안,
여의주를 덥석 물어 버린 핏빛 지평선
솔섬 한나절 더듬고 놀고 있는 격포 바다

발가벗긴 갯벌에 잉카의 영들 하나씩 눈뜨고,
허기진 입자들, 키조개 닻을 올리고
중생대 모자 쓴 활전복 경계를 세워
꽃게와 딱새우 홍합 문어 질감을 어루만지며
출항하기 전부터 내면을 잃고 야단법석이다

파도가 출렁일 때마다 우려서 나오는 심연의 맛
존재와 무가 쏟아지고 있다

센강 변

모든 것 잠시 잊고
다가앉아 눈을 감는다
눈 속에 흐르는 강
바람 끝자락 휘어잡고
안개에 은신하고 있는 강의 숨결
연인들의 조연들을
퐁뇌프 다리로 건져 올린다
몽마르트르 언덕의 무명 화가
노트르담 광장의 악사
조르주 비제의 거리까지
여유롭게 교차하는 노을 진 하늘
미라보 다리를 베고 누워
해조의 나래 핀 묵언으로
시집에 펼쳐진 악보를 읽는다
캉캉 춤 펼치다가 치마폭 접는 집시 여인들
노을은 찬연한 빛 강변에 내려
채색으로 연주하는 교향곡
당신이 품었던 알 수 없는 밤이
사랑으로 출렁이고 있다

비오스에서 1시간

비오스에서 한 시간 흐르는 구름을 쫓고 있다
새벽 산울림 숲속을 되돌아오고
페니트로티온* 몸에 닿기 전
비오톱이 피리 불고 있네
잘린 등에 숨은 나비 애벌레
작은 소리로 울기 시작할 직박구리
시간의 발소리 바람을 만나려고
안개가 잠복해 산고의 고통을 어루만지는 중이다

수액 흘리며 직립 보행한 나무들
간밤 유성이 흐르다 만 길 위
오디가 흑점 하나씩 떨구고 있다

*페니트로티온: 살충제.

신전 앞에서의 대칭

올리브나무 수맥을 흐르는 밤의 소요
신전을 오르기 위해 팔목에 건 수갑을 풀어야 하고

두 눈에 박힌 콘택트렌즈도 내려놓아야 한다
목에 걸린 사슬과 묵직하게 팽창한 오물들 쏟아 내며

인슐린 호르몬을 민감하게 만들어
유산소 운동에 반응하며
고도의 단백질을 섭취하면서, 고로쇠 물을 마시고
5시간 동안 책상에 앉아
어느 외계에서 온 모스부호에 탐닉하며
퉁퉁하게 부은 발목에 웃음을 흘렸지

묵언수행에서 돌아와 발을 모아 옷을 벗는다
실오라기 남김없이
고뇌가 자유를 찾아 나란히 두 발을 올려놓는다

육중하게 좌우 추돌하며 각을 세우는 붉은 눈금
빗금 치던 눈금이 오른 시각
오름 내림의 굴곡에 대하여
어둠과 낮이 예감 사이로 섞이고 있다

제4부

망고 뼈

후숙된 연한 것에
칼집을 내다 손가락이 베었다
식탁이 풋잠을 깨고
격자무늬로 잘린 틈으로 노랗게 흐르는 핏물
칼날로 모판 두부 자르듯 발라내며
지혈된 손이 빠르게 움직인다
연한 살집을 벗겨 낸 그곳에
투명하고 맑은 등뼈
수십억 광년이 햇볕을 당기며
오래된 신전 기둥처럼
부동자세로 갈라진 마음을 단단하게 붙들며
우두커니 서 있다
날름대는 혓바닥이 뼈에 달라붙은
살점들을 핥는다
입속에 가득 차오르는 맛의 언어들
착시의 노을에 빛이 굴절되고 있다
완성을 향해 가는 누군가의 손이
선택할 시간을 기다린다
흙으로 돌아가 다시 태어나기를
기다리고 기다릴 뿐
파랗게 귀 열고 겨울이 없는 정글을 걷는다

달항아리

하늘에 매달린 초사흘 달
바람이 호수를 흔드는 것같이
꽃이 바람의 입술을 탐하는 것같이
여기저기 기웃대다
목단꽃 피어 있는
유백색 항아리 속으로 숨어들었다

달 품은 항아리
어둠 속 맑은 물소리 담아
기형으로 얼룩진 모서리를 굴린다

별자리 이동하는 밤마다
입덧하며 산통의 시작이다
여민 옷깃 풀어 붉은 입김 토해 내며
빚어내는 흰 울음

지구가 팽팽해지자
진통 끝에 쏙 빠진 잘생긴 둥근 알
기억이 울창한 시간의 깃털을 타고
두둥실 하늘에 오르고 있네

원시의 바다에서

빛을 잃은 망고씨 같은 섬이 잠들어 있다
한낮 기승을 부리던 스쿠버 형체를 알 수 없고
칠흑 같은 어둠 속 편의점 가느다란 불빛 흘리고 있다
바다의 동굴마다 소용돌이치며 난타를 벌이는
포말의 하얀 그림자
원시지구의 미행성들,
집합과 분열이 되풀이하는 시간
세상 끝에서 오는 바람을 막는
아데노이드 비대증에 걸린
어느 무녀의 은빛 머리칼이 생각나는 밤
그녀를 만나러 白沙로 간다
목젖이 휘도록 리드미컬하게 춤추는 바다
사라져 가는 기억 속
원추형 섬들이 하나씩 물속에 잠기고
하얀 백구 커겅커겅 브르타뉴 전설을 물어 나른다

후숙(後熟)

공기와 접촉을 차단한 떫은맛
세포벽이 변해 가는 동안
상온에서 당도가 전환되는 한나절
그는 꿈꿀 것이다
적도에 두고 온 백악기 말 화석의 기록을
기체가 되어 공기로 방출하는 동안
도백색 부드러운 질감을 어루만지며
누군가 칼을 세워 스무디를 만들고
랩에 씌운 김밥 나신으로 누워
부르게스타 토핑으로 얹어
무성한 말들이 칼날을 당겨
노래를 들어야 할지 모를 일이다

어두워진 상온에서 시간을 지우듯
적도의 햇볕이 지워져 가고
하나씩 성근 까만 점들
뜨거운 밀어 주워 담는
묵언수행 중인 아보카도
해루질하는 야삼경이다
합장의 손바닥 벌려지고
햇살 들어 낮과 밤이 공존하고 있다

은밀한 가시

끓는 소리만 들려도 침이 고이는 옥돔미역국
몸속 어딘가 호르몬에 신호를 보내며
소화기관에서 파동을 친다
싱그럽고 감미로운 맛에 홀린 바다의 속살
몸속 여행을 하다 멈칫거린다
미역 속에 들어온 은밀한 가시
식도와 편도 사이에서
방향을 잃고
빈혈 할 때마다 따끔거린다
올리브유로 미끄럼을 타봐
아니지 쫀득한 마시멜로 삼키면 어떨까
젖은 미명의 시간이 조여들며
이비인후과 내과를 저울질하다
종합병원 응급실로 페달을 밟는다
황급하게 들어서는 환자를 맞이하는 응급 의료진
입술 벌려 깊숙하게 찾아도 보이지 않아
CT를 찍고 심전도 검사와 내시경으로
파랗게 질려 가는 깊은 밤
링거줄에 묶인 동그란 얼굴
식도벽을 뚫고 들어간 가시의 집요한 탐색
마취된 목이 먹먹하게 달아오르고

눈 달린 굴곡진 기구를 집어넣던
간호사의 은방울 굴리는 소리
깊고 아늑하게 숨어 있는 물체의 발견
끌어올리다 중간에 놓쳤다고
길게 내민 혀를 누르며 숨을 멈추라 한다
침을 삼키면 식도를 내려가다
천공이 생기는 불안을 떨치고
재빠르게 향방을 찾아낸 미다스의 손
제거된 공포스러운 아가미가시
깨진 바닷속을 걷다
목구멍에서 휴우 새어 나온다

간격

얼마나 절절했으면 섬은 주상절리로 서서
바다에 난타를 벌이고 있나

사람과 섬 사이 사나운 바람
향방을 모른 채 몸속을 드나들고
진종일 흔들리는 삶
자취 없이 바위에 부서진다

마그마가 남기고 간 지표에
부딪는 살결마다 소금꽃 피어
촛대처럼 솟아오르는 석순

은하도 잠 못 이루는 밤
낯선 기호 사이로 비가 내려
생의 갈림길에 엉기지 않도록
섬과 사람 사이 보폭을 넓힌다

간격을 좁히는 계절의 낙하
기로에 선 발목을 붙들어
전생에 흘리고 간 푸른 울음
허공에 자리 잡는다

연붉은 꽃잎 하나 띄워 놓고

적도의 숲 그늘이 생각나는 밤
검은 대륙에서 만난 연붉은 자줏빛 꽃잎
내 안에 피어나 카카오빈 붉은 열매 농익어
럭비공 하나 부풀리고 있다
원두를 갈고 핸드드립으로 커피를 내리고
여과지를 통과하는 추출액
넘기는 생각마다
창밖 가을이 흩날리며
연붉은 자줏빛 꽃잎 띄워 놓고
목 구비에서 달빛 가루를 풀어내던 아랍의 승려와
남은 잔은 칼비의 전설로 이어지는
목동을 불러내고 있다

탑동 등대

파도가 방파제를 넘는다
조업을 기다리는 돛대 휘청거리고
슬픈 해일 더 높이며 포효하는 바다의 울음
파이프오르간 사운드 오브 뮤직 혼란의 아리아다
제주가 부려 놓은 만석의 바다
파랗게 솟은 한라산 하늘문 열면
바다의 울음소리 사그라들고
매립지 위에 하얀 라마다
두둥실 뜬 여인의 옷자락 객실마다 불을 가린다
밀물을 기다린 파도가 바다를 향해 뛰기 시작할 때
눈부시도록 가슴이 뛰었다
월파가 다녀간 얼기설기 돌 틈 사이
다닥다닥 붙어 있는 바다의 미네랄
구멍돌 일으켜 세우면 핵처럼 단단한 가시로 덮인 외피
성게 가시에 찔려 흐르는 피와 섞여
참고동과 전복을 캐는 사람들
사냥해 온 바다의 호르몬 두레밥상
어머니 체온처럼 윤기가 흘렀다
매립지를 밝히는 빨간 등대
봉인된 어머니 코티분 향기
바다에 그리움으로 날린다

선유도

바다에 가면 그 사람을 만날 수 있을까
어딘지 알 수 없는
물안개 속을 걷다 돌아온 날
항상 허기에 지쳐 해국 한 송이로 달랬다

먼 바다에 당도했을 때
물에 반쯤 잠긴 섬
시퍼런 칼날 같은 파도를 헤치고
붉디붉은 수평선
숨긴 마음을 토해 내게 하지만
생사를 알 수 없는 혼백들
어느 바다로 흘러가고 있을까

참혹한 어둠을 만나고 돌아온 날
안과 밖 삶의 시간들이 얽혀
바다가 서럽게 울었다

해국 한 송이 바다에 젖고
작은 섬들도 바다에 이끌려
경계선을 털어 내는 은빛 비늘
국경으로 사라져 돌아오지 않는 새를 부른다

수목 터널

빗장을 여는 봄
각종 꽃나무들 파안대소다
건강한 사회를 소망하는 고욤나무
겹벚나무는 쾌적한 도시의 장식으로
엄마의 장수를 기원하는 느티나무는 그늘을 늘리며
오가는 사람들을 청류로 흐르게 한다
각종 사연으로 축하의 메시지를 걸어 놓은 명패들이
오월의 창공을 빛나게 한다

곳곳에 빈 탁자와 의자들 다리쉼을 하는 사람들에게
해일의 장벽을 넘어온 꽃바람
자신을 다스리는 아픔을 안아 준다

삶의 장단을 위하여
서로의 가슴에 불 밝히며 포옹하는 수목 터널
세계를 꿈꾸며 힐링하는 양재천 명품 거리

뜨거운 목마름이 해소된 듯
지상에 언어들을 쏟아 내 귀가 열리는 날
루트비히가 이 공간을 만났다면
분열에서 자유를 얻었을 텐데

꽃바람이 잠시 머물렀다가 사라지고
나는 가만히 수면에 깔리는 꽃향기를 맡으며
어머니를 그린다
생의 울타리 넘어 돌아올 수 없는 이별에
왈칵 솟아나는 눈물
어도를 흐르는 물빛
바람새가 물고 간다

스노클링

나는 보라카이 바다에 가라앉아 있었다
해파리들의 촉수가 내 다리를 휘감으려는
방향을 틀어
수초가 일렁이는 바다 숲을 지나면
알 수 없는 밀어가 속삭이는
색채들이 빛을 발하는 용궁이 아니던가

입을 벌려 손끝의 먹이를
지느러미께로 올려놓으니
내 눈 속으로 들어와 멱을 감는다

수경 속으로 물방울이 새어 들어오고
내 모든 것 주어도 이룰 수 없는 세계
용궁 속에서 제외된 외계인에게
옛 설화를 만들어 주던
바닷속 유혹이 아니던가
둥둥 부표로 떠서
보라카이 해변을 지금도 나는 날고 있다

금은화

곳자왈 능선을 오르다
향기에 눈떠 마주했던 꽃
도심지 가드레일 담벼락
담쟁이와 햇빛 쟁탈전을 벌이며
덩굴덩굴 지경을 넓히는 인동초
무늬억새 출렁이는
관객과 호흡하는 수변 무대
해 넘어간 어도의 물소리
나누어 줄 꿀이 없어
노랗게 임신했다던 인동초
청순한 꽃 수술
그녀의 입술이 열릴 때마다
청순한 꽃잎 덩굴로 피어
수려한 옷자락 펼치는
코끝에 묻은 기억 속
덩굴 한 움큼 베어 화병에 꽂았더니
늦은 밤 하얀 몸을 열고
수줍게 웃으며 가느다란 옷고름 풀고 있다

밤나무

워낭 소리에 취했던 밤나무
새 날갯소리에 화들짝 놀라 몸을 튼다
우르르 떨어지는 밤송이

담장 넘어오는 바람 몇 올이
가시에 걸려 생채기를 토해 낼 때
낫 들고 벌초를 가는 사람
이웃집 품앗이 가는 새댁도
치맛자락 올리며 담장을 넘는다

측량하여 담장을 세운 주인은
철문을 달아 자물쇠를 채웠어도
밤 따는 것을 본 적이 없다

차례상에 올릴 크고 윤나는 밤톨을 위해
가을 햇볕 끌어들이고 있을 뿐

은밀하게 감춰 둔 사연
풍등에 걸려 마지막 기차를 기다리고
밤송이 허물들은 귀밑이 아려와
빈집 마당에 결실을 풀었다

빈 정자

고압선 압류
새벽안개 덮치더니
비와 비 사이
바닷가 빈 정자
손과 발 사이
눈동자와 단청 사이
파도의 음계를 남기는 빗방울
우주의 숨결 부풀리며
불시착한 잡음들

절색을 자랑하던 해당화
비에 젖어
꽃이 씨앗 되기를
수없이 접었다 피는 낯선 시간들
구름이 내려앉은 정자
누구를 기다리는지
오가는 행인 발목 훔치는
유난히 붉은 꽃잎
파도 소리 들춰 가며 저 혼자 외롭다

건축학개론

시각이 없는 개미들
촉각의 눈 뜨고 페르몬 따라 행렬 중이다
더듬이로 주고받으며
일사불란하게 움직이는
신체언어의 긴 그림자
설계된 건축물 이고 사바나로 가는 동안

마지막 혼신을 다한
삶과 죽음 환희의 축제
수컷과 여왕개미 결혼비행
하늘에서 열리고 있다
그 끝을 향해 달려가는 수개미
흔적 없이 사바나에 죽어 간
영혼의 존재들 의식할 수 있을까

도구도 없는 황무지 침과 흙으로 척척
원뿔형 무덤형 원룸형 고시원형
탑돌이 역학으로 쌓아 올린 그들의 성지 마천루
몸과 다리 사이 은구슬 더듬이 가늘게 흔들리는
일개미들의 흘린 잔상들
한낮을 뜨겁게 달궈 사막을 설계한다

사유의 거리

모두들 지상에 피고 있을 때
비켜서서 자리를 이탈했죠
사람들은 나를 보고 당신을 보지만
나는 숱하게 오가는 당신들 몸짓에 세상을 보았죠

눈이 오지 않는 지하 철도역 사유의 거리
봉긋한 연둣빛 열매들
덩굴덩굴 벽을 타고 기어오르죠

무릎을 포개 앉은 사람도
창밖을 응시하던 바람도
과거로 달리는 완행열차를 타고
지구를 살리자고 마스크 썼다

연리지 날개 아래 우연히 스치던 허밍의 읊조림
아프리카에서 만난 그 사람이었으면 좋겠네
뒤돌아보면 허공에 부서지는 문장들
눈먼 날들이 지나가고
코비드19 빈 선로를 부유하는데
25호 파카르가 북상 중이다

동백꽃 떨어지다

용설란 사이로
동백꽃 한 송이씩 떨어진다
중심을 잡으며
그녀의 발자국 기억하는 동안
뚝 떨어지는 추억의 장식 위로
파리 한 마리 따라다닌다
숨을 몰아쉬며 모서리에 엎드린다
참으로 이상하지
숨 쉬고 있는데 한 마리 두 마리 번갈아 몰려온다

불안정한 종말을 예고나 하듯
몸에 앉아 생의 한 조각 무덤을 파고 있어
신축공사 외엔 떠나본 적 없는 정원과 용두암 산책길
분신처럼 사랑했던 손길과의 이별
기억하지 않아도 될 모든 것
완강하게 버티며 힘없는 꼬리 흔들어 몸을 비튼다

창밖 시동은 꺼지고 파도 우는 소리
희미한 알코올 냄새
분신을 감싸 줄 하얀 붕대
그녀의 마지막 손길 의식하며 파리를 날린다

유칼립투스

꽃이 있다는 건 방과 거실 사이
충만한 것
신비의 문이 열리듯
꽃잎이 열릴 때마다
짙은 향기가 피어오른다
사람도 인격과 품격이 있듯
꽃에도 花格이 있다고 한다
눈 속에 꽃이 핀다 하여 "매화 1품"
서리를 맞고 꽃이 핀다 하여 "국화는 2품"
진흙 속에 피는 "연꽃이 3품"이라면
신비의 꽃잎이 열리며
생수를 마시는 화병의 꽃
향이 쇠진되지 않도록
가시로 지켜 내는 순결은 특품이 아닐까
유전자 조작으로 개발된 푸른빛
유한하기도 하고 무한한
꽃이 지고 나면 옆자리 향을 내는 유칼립투스
태초에 물 한 방울 종유석과 석순이 만나듯
젖은 시간을 끌어안고 있는 코알라
특별한 품격으로 나무에서 잠을 잔다

구채구

가장 아름다운 물빛이 어디 있는지 알까
황산을 보고 나면 다른 산은 보이지 않고
구채구를 보고 나면
다른 물은 보지 않는다는
오채지를 만났다

고산증에 휴대용 산소를 마시며
깊은 계곡을 휘돌 때마다
오묘하고 성스러운 물빛
영롱한 진주알이 빛에 부서져
파동 치는 물보라

산과 하늘이 호수에 내려앉아
신선을 부르는 소리
멀티 칼라 문양의 근원에
작은 동공이 크게 흔들린다

겨울에도 얼지 않는 5개의 호수 테라스풀
다랑논에 숨겨진 비밀
석회암으로 용해된 물질들
크고 작은 풀에

빛의 파장을 풀어놓는
장구한 세월이 빚어낸 걸작 오채지
황홀한 색채들이 꿈틀거린다

실핏줄 사이로 무호흡에 걸린
통점을 어루만지는 목덜미
플리트비체에서 만났던 그녀가
세월을 뚫고 시샘하듯 나를 내려다보고 있네

세상에서 가장 아름다운 물빛 구채구에서

Big Five

겨울을 보내고 초봄으로 가는
미지의 땅 남아프리카 공화국
새로운 경험과 환상으로 가슴 설레게 했다
아프리카 대륙에서 인도양으로 흘러드는 잠베지강
상류에서 펼쳐지는 하마들의 춤사위
늪에서 슬슬 기어 나와 선탠 즐기는 입 벌린 악어 떼
큰 귀를 나풀거리며 머드 팩 즐기는 코끼리
짐바브웨로 넘어가는 일몰
태양의 체온이 아직 남아 강을 물들이고 있다

올라이므티에크 입구에서 경비 노트에
마사이 마라에 간다고 쓰고
보츠와나 초베 공원에서 만나지 못한
big five*를 찾아 사파리 게임을 시작했다
지구에서 가장 많은 동물이 이동하는 모습이
장관이다
표지판 하나 없는데도 jeep 드라이버 가이드
덜컹거리며 대평원을 달렸다
마라강을 넘어온 누 떼들의 긴 행렬
먹이 사슬을 노린 날 선 표범의 눈을 바라보며
사냥할 동물들을 찾기 시작했다

코끼리 코뿔소 버펄로가 떼를 지어
구름처럼 몰려다니는데
내가 나비를 사냥하는지
동물이 사람을 사냥하는지
알 수 없는 이 아이러니
육식 동물과 초식 동물의 목숨 건 레이스
야생 동물의 자유를 만끽하는 동물의 왕국
천상의 놀이터
아무리 헤집고 다녀도 사자가 보이지 않았다

갑자기 바람과 돌풍 천둥을 동반한 소나기
폭포수처럼 쏟아 암흑으로 몰아넣는
아찔한 순간이다

선루프를 열고 잠시 밖을 내다본 순간
바오바브나무 방향으로 하얗게 차들이
몰리고 있었다
잠깐! 서쪽으로 방향을? 내가 외쳤다
단숨에 질풍처럼 내달리는 사파리 드라이버
망원경 안으로 서서히 사자 머리가 보이고
정글의 제왕 사자들의 짝짓기 모습을 포착했다

세계적 작가들의 스포트라이트를 받는 제왕의 정사
꼬리를 흔들어대는 거친 숨소리
초원을 진동하는 포효와 함께
마사이 마라를 뒤흔들었던 제왕의 정사는
막을 내리고
그는 긴 오줌 줄기를 분수처럼 쏟아 내며
바오바브나무를 희롱하며 떠나갔다

초원에 연출한 제왕의 사랑놀이에 미련이 남은 걸까
섹스에 아직 최면이 걸린 듯 서성이는 사람들
목숨 건 긴 레이스, 지상과 천국을 연결하는
또 하나의 살아 있는 지구

僙明의 물결로 출렁이는 광활한 초원에서
동물의 王國은 또 꿈을 꿀 것이다
진화의 목적을 이루며
황홀한 퍼포먼스를 연출하면서

*big five: 사자, 코끼리, 버펄로, 표범, 코뿔소.

108

제5부

포인트빌

당신이 기품 있게
아라비카 생두 향을 지필 때
바람 손끝을 염탐하며
뿌리발로 디디고 선 울창한 날들
정오의 그림자 길게 누워 흐르고
계곡물에 더위를 식히는 북한산 세 봉우리
웃음소리 청량하다

아라비카 생두 맛에 흘린 인수봉
철마다 메니에르병을 앓고
젊은 입술들도
공기의 질감을 어루만지며
누군가 두고 간
달달한 계절을 찻잔에 담는다

달빛 품은 햇빛 씨앗들
차마 꺼내지 못해 남길 말
꽃등에 매달려
포인트빌은 묵언 수행 중이다

지워져 가는 발걸음 그는
기억하지 않는다

열차에서 내린 승객들 밀고 당기며
어둠이 만지고 간 계단 위로 머리만 둥둥 떠다닌다

독존의식이 강한 머리와 가벼운 머리
정서가 비통한 머리들
암호처럼 일렁이며
수많은 머리들이 숲을 이루어 계단을 오른다

통제 잃은 자아 상실한 발 하나
꿈틀거리는 계단을 구른다

하얗게 질린 어둠의 눈썹에 내려앉아
우주의 숨결을 불어 넣고
해마는 의식이 끈을 붙잡아 심폐소생술을 하네

흐려지는 의식이 구름계단을 밟고
어둠의 중간쯤을 걸어간다
스쳐 가는 교차로도 없는데 어디로 가는 것일까

세상에서 하나씩 지워져 가는 발걸음
그는 기억하지 않는다

向方

하나로 물린 내 손
두 손이 그립에서 만났지
몸통과 맞물린 하체와 나와 바닥과의 관계
발바닥이 뇌를 작동시킬 때
비틀림을 유도한 꼬임의 방식
척추와 곡선이 나를 유지하는 동안
팔꿈치 관절이 긴장하며 그립을 잡는다

"타깃과의 춤을" 추려면 눈을 맞추어야 하리
깃털처럼 가볍게 날아가려면 타원을 잘 그려야 하네

프리샷 루틴에 몰입하며 반구 위에 놓인 흰 공 나래
창공을 향해 샷을 날린다
용수철처럼 뛰어 오르며 가속도가 붙는 하얀 물체
툭 떨어져 도르르 구르며 몸을 숨긴다

상기된 깃대 사이로
꽃 진 자리 스치며 풀무치 웃는 걸 보고
바람도 없는데 깃대가 흔들렸던 이유를 감지했지

그러고 보니 간밤 꿈에 박세리 '맨발의 투혼'과
렉시 톰슨 무의식 세계와 두 선수를 오가며
빙의에 빠진 것도 같다

그렇게 원할 때는 아니 오시던 임
예감도 없이 올봄에 두 번씩 오시던 날
꼭두서니같이 마냥 붉게 물들게 하시더니

행운을 만나러 갔다가
남도에서 아이러니하게도
귀한 물건을 잊어버린 向方이
홀인원과 행운 사이를 오가며
한동안 나를 건드릴 것 같다

화담숲

일기예보를 클릭하려다 나의 미간을 흔드는
존재와 시간 속으로
화담숲을 터치하며
끌고 가는 대기 속으로 모노레일에 잠시 생각을 두고
나를 흔들어, 시간을 이기는 방법을 찾는 중이다
지구의 생명체와 함께 공존했다던
음지의 목격자 비꼬리이끼
가늠할 수 없는 공룡의 흔적,
최초의 인류 오스트랄로피테쿠스
기억 속에 사라져 갈
호모 사피엔스를 기억하고 있을까
밤마다 樹皮를 벗어 놓고
직립보행으로 별밭을 가는 자작나무숲
아이들은 별을 캐는 바람 앞에서
화담숲은 나무의 수맥 아래서
이브의 언어들 피사탑 아래서
아득한 여름은 소리 없이 흐르고
가시광선 속으로 카이토니아 씨방 하나
끌어들이고 있다

오얏꽃 지던 밤에

오얏꽃 휘날리던 밤
새로 단장한 석조전 문이 열리면
발설한 적 없는 사랑 풀어놓고 싶다
하얀 꽃잎 휘날릴 때
피아졸라 아디오스 노니노에 젖어
당신은 가배를 마시고 나는 니체의 전집을 읽는다

붉은 노을 안고 탱고를 추던 당신
살갗을 헤집고 나오는 생의 전율
아프리카에서 만난 당신을 생각하고
오얏꽃 지고 작약꽃향 지필 때
당신은 음악을 듣는 시간
따뜻한 심장이 내 안에 들어와
어둠이 먹히기 전에 빠져나가려 합니다

이제는 늙어 갈 신사여
오얏꽃 흩날리는 밤 고종 황제의 넋이 흐르는
환한 석조전에 차오르는 마음 풀어놓아도 좋으리

떠난 당신의 혼령 바람으로 불어와
내 곁에 잠시 머물러 그 체온으로 감싸 주소서

알 품는 오월

그물에 걸린 바다 파도를 뒤집는다
태풍이 남기고 간 상흔을 걸러
바람의 힘만큼 더욱 팽팽해지는 바다
하얀 배 드러낸 포말을 구워 내며
팽팽한 지느러미를 끌어당긴다

활기찬 바다를 일으켜 세운
눈부신 산란의 한낮
그물망에 들었다 실려 온 알 품은 자리돔
거친 파도를 게워 내고 갈색 배 드러내며 드러눕는다

머리에 억새꽃 꽂은 그녀
모질게 살아남은 전생을 뒤집으며
발끝에 내려앉은 퉁퉁 부은 어둠을 태운다

터진 손으로 보목리 바다를 길들이는 여자
고여 있던 사연 뒤집히고
옥죄인 시간들이 풀려나
달구어진 직화의 알 품은 오월
짭짤하고 감칠맛 나게 오독오독 씹히는 맛
여자 등에서 보목리 바다가 일어선다

거대한 캔버스

거대한 캔버스 앞에 동공이 빨려 들어간다
색의 늪 속으로 우주의 물체 하나 떨어지고
직사각형을 색 면에 눕혀 한순간을 위해
깊어져 갔던 마크 로스코
地上에 웅덩이 하나 메워지고
산 자들은 자발적 몰락을 덮을 맨홀 뚜껑 하나씩
마련하고 있었어
붉디붉은 색 그 존재와 결합하는 일
관객의 온몸을 흔들어 놓는 일에 관하여
상형문자처럼 풀리지 않은 슬픈 영혼 무제에 대하여
나를 낚아챈 미늘에 걸려든 하루

카페 투웍스

제지기오름을 흉내 내는
코미디언이 바다에 앉아 점멸하는
집어등을 바라보고 있다

그가 두고 간 별장은 주인이 바뀔 때마다
연인들이 창가에 앉아
꽃잎 같은 입술을 열고
우울 같은 검은 파도가 일렁이는
블루베리 요거트를 마신다

삶의 굴곡을 벗어나려는
생생한 파도를 뒤집는 해녀의 집
패각과 살, 사이를 발라내며
격자무늬 칼집이 빨라지는 저녁
바다에 눈이 내린다

창가에 내리는 눈은
가랑잎 속에 숨은 풋사랑

어느 별에서 만날 달콤한 사랑을 구워 내며
바닷속으로 잠긴다

118

해저 터널을 횡단하다

익숙해진 밤이 회전 교차로에서 멈췄다가
궤적의 자동차 불빛 도로를 지난다
또 다른 고개를 넘으려는 예식 앞에서
해저 터널에 입문한다

바닷물 가득 이고 별이 없는 터널
환상의 바다가 출렁인다
유영하는 물고기들
은빛 지느러미 흔드는 등에 매달려
터널 천장에 별을 심는다

소금기 서린 습한 공기들
인도교에서 만난 방향제 태양을 풀어놓는다
연신 바닷물을 흡입하는 태양
사람들은 해저의 김이 오르는
탱탱한 딱새우와 꽃게 껍데기를 벗기고 있다
생로병사를 넘나드는 사람들

지상에서 측량할 수 없는 너와 나의 깊이
바다 어디쯤 통과하고 있을까
함께 숨 쉬던 곳 거기에 그가 서 있다

대마도에 핀 붉은 꽃

사치키하라 언덕의 바람
이 왕조 종가 결혼 봉축비에 앉아
회한의 눈물 흘리고 있네

가네이시 성터에 갇혀
파란만장한 삶을 살다 간
덕혜옹주의 눈물
미소 잃은 헌정의 꽃송이와 지폐들
새 한 마리 날아와
청잣빛 고운 부리로 노래하며
애잔한 눈시울 적시고 있네

가슴에 피멍 든 사람아
대한제국 멸망이 치렁치렁 얽혀 있는
고뇌의 옷깃 벗어 버리고
해가 지지 않는 동방의 나라
덕수궁 꽃길을 가자

무게 없는 어둠이 에워싸도
깊어진 사랑 훌훌 팔번궁 신사에 던지고
모시나비 날개에 깃들일 붉고 푸른 입술
밝아 오는 대한제국으로 가져가자

청죽 자존심으로 세워진 봉축비 아래
숭고한 넋으로 핀 붉은 꽃
대마도 바위 언덕에
대한의 혼빛 물들이네

청담 르네상스

청담역에 내리는 전설은
밤하늘 별을 따는 물레방아 소리
'숨. 뜰. 못. 볕'
우주를 담아 무환승 철도역에 꽃피운 스토리텔링

직립의 벽을 덩굴덩굴 기어올라
아름다운 선율로 탄주하는 연둣빛 바람

말갈기 휘날리며 강마을 달려온 말발굽 소리
오가는 발걸음의 대화들 푸른 쉼터에 날아든다

천냥금 발갛게 물드는 가을
코로나 블루 긴장된 무게를 내려놓고
청솟골 맑은 물로 우려낸 차를 마시며
해일에 부서진 마음을 정화하는
가던 걸음 멈춰선
'미세먼지 프리존' 청담역

건망증

도착 시간을 알리는 전광판 파란 숫자들
손님을 기다리는 빈 의자 정오의 햇살이 따사롭다
포르쉐 매장 앞에서 만삭인 여자가 손을 든다
어디로 모실까요?

그녀가 홍조를 띠며 예상 밖의 돌출 남부 전당이요
검은 태 안경을 쓴 기사가 피식 웃으며 페달을 밟는다

나비콜에서 얼핏 들었던 말이 생각나
시나리오 사이로 웃음이 지나간다

어떤 손님은 난닝구 호텔 예식장이라 하고
어떤 이는 메리아스호텔이요
메리어트호텔로 알아서 달리는 히어로
람보르기니 서 있는 회초록을 지나 교차로를 달린다

난 어디로 가는 거지?

부정과 긍정 사고를 떠올리며 감탄하는 사이
영리한 기사가 예술의 전당 입구에 당도한
IBK 챔버홀 페스티벌 앞

앙투아네트

바다에 떠 있는 붉은 공
탱탱하게 부풀어 올라 바다를 삼키는 동안
앙투아네트* 바다에 떠오르네

국적이 다른 연인도
숨비 소리 횟집 주인도
눈 돌린 사이
먼 바다 이어도에 몸을 숨겨
영롱한 진주 한 알 캐어다
은밀한 비밀 항아리에 숨겨 놓고 돌아왔네

힌남노가 상륙한 만조의 밤
높은 해일 이어도 맨살을 삼키고
난파선은 핏빛 노을로 물들어 갔네

사람들이 노래를 부르네
이어도 산아—이어도 산아
슬픈 듯 돌아올 수 없는 먼 길
나도 이어도가 되어가네

124

바다에 투망을 던지네
바다에 뜬 거문고 별자리 걷어 올려
빈 하늘에 심고
앙투아네트도 우주의 밤을 맞이하네

경계가 다른 생을 살아가며
수없이 사라져 가는 사람들
바다는 삶처럼
내 안에 있는 나를 불러내고 있네
현기증처럼

*앙투아네트: 용두암에 있는 카페 이름.

달 그리안

섬 남쪽 비췻빛 산호가 사는 그 바닷가
지금 가을은 오고 있을까

자줏빛 억새 하얀 홀씨들
바람에 날려도 좋은 날

가을을 기다리며
눈시울을 적시던 그 사람

만년설 빙하의 계곡 맑은 물이
태평양 물살에 파도치며 넘실거리고

광대코지 폭풍으로 밤새 몸살 나던 밤
한라산 수호신이 내린 그 은총

기다림에 펼쳐지는 동굴 안의 달 그리안
단 한 번의 긴 포옹 따스한 입맞춤
보석처럼 눈이 부신데

타는 노을 구름을 타고
어느 강가에 부서져 내리려나

タルクリアン晩秋の月

高景子（コー・キョンジャ）

島の南側 翡翠色の珊瑚が棲む海辺
いま 秋はきているだろうか

赤紫の 白い胞子
風に飛ばされても はい日

秋を待ち
目頭を濡らした あの人

万年雪と氷河の渓谷 澄んで水が
太平洋の流れに波打ち うねり

岬の端 暴風は一晩中 くたびれ果てた夜
漢拏山の護り神が下した恵み

待機に拡がる洞窟の中のタルクリアン
一度きりの長い抱擁 暖かい接吻
宝石のように まばゆい

燃える夕焼け 雲に乗り
どこの川に砕け落ちるか゜

산굼부리 억새꽃

제주
산굼부리
흰 억새꽃
구름을 먹는다

용두암
해녀가
숨 쉬는
휘파람 소리

바람이 불고
그믐달이 뜨면

바다를 향한
하얀 손수건

당신을 향해
울고 있었다

サングムプリ村　ススキの花

高景子（コー・キョンジャ）

済州
サングムプリ村
白いススキの花
雲を喰べる

龍頭岩
海女が
息をつく
口笛の音

風が吹き
晦日の月が昇ると

海に向かう
白いハンカチ

あなたに向かって
泣いていた

산동 산수유

청보리가
유난히 파랗게 물이 오르면
산동마을은 노란 물이 들어
눈부신 바다가 된다

지리산 자락을 타고
바람이 불어오면
노랑 물이 들어 흐르는
섬진강 십 리 길

마음이 흐르는 대로
하늘도 그렇게 물이 들면
고운 임
돌아올 것만 같은
산동 산수유 마을

サン洞山茱萸

高景子（コー・キョンジャ）

青春が
ひときわ青く芽ぐむと
サン洞村は　黄色く染まり
まばゆい海になる゜

智異山の裾に沿い
風が吹いてくると
黄色く染まり　流れる
蟾津江　十里の道

心　流れるまま
空も　そう染まると
きれいな恋人
帰ってきそうな
サン洞山茱萸村

춘설의 랩소디

춘설이 내리는
두물머리 강가에 서면
묵향으로 다가온 마음 하나

여행에서 만났던 낯선 사람과
만남과 이별을 생각한다

망각 속에 기억이
세월이 흐르다가
그 흐르는 눈빛이 내 화랑에 남아

눈부신 미뉴에트로
자카란다 꽃비로
그 낯선 사람이
스쳐 간 눈빛 노을로 오는 까닭은

봄의 영혼아 말해다오
킬리만자로 설산에
새 한 마리 날아오를 때쯤
그건 봄빛 무지개였다고

春雪のラプソディー

高景子（コー・キョンジャ）

春の雪が降る
水際の川辺に立つと
墨の香りで近づく心ひとつ

旅行で出会った見知らぬ人と
出会いと別れを思う

忘却の中の記憶が
歳月が流れ
その流れる眼差しがわたしの画廊に残り

まばゆいメヌエットとして
ジャカランダの花雨として
その見知らぬ人が
よぎっていった眼差しの陰りとして迫るわけは

春の魂よ 語っておくれ
キリマンジャロの雪山に
一羽の鳥 飛びきたる頃
それは春の色した虹だったと°

천 원의 거룩

무인 판매대에서 꺼내 온 천 원의 행복
그 내정에 가담할 비단잉어 휘파람을 분다
잉어들은 아가미를 들썩이며
웃음이 퍼져 나가는 물결을 잡는다

좌우를 향해 날린 행복 바이러스
입꼬리 수염을 휘날리며 튀어 오르는 오로라 빛 물결
출렁이는 무도회
낮달을 품은 호수 하늘 향해 술렁이고
하얀 파동 물속에 기포들을 끌어올린다

수초에 잠겼던 바람이 잠깐 비운 사이
어둠이 그늘을 관조하며 초록초록 봄이 물드는 밤
그들은 꿈을 꿀 것이다
아득한 조상들이 흔들었던 고이노보리* 깃발을

젊은 호수가 뱉어 내는 강물 소리와
천 원의 거룩 그 내정에 가담했던 눈부신 한낮을

*5월이 되면 남자아이의 입신양명을 기원하는 행사
 잉어를 하늘에 매달아 놓는 화려한 잉어깃발.

사라지는 것이 아니라
사유하는 것이다

사라지는 것이 아니라 사유하는 것이다

박찬일

1. 순수 미학과 추의 미학

고경자의 시들 전반을, 여태까지의 2권의 시집, 그리고 작금의 세 번째 시집의 시편들을 개관할 때 그것은 '아름다움'이다. 이번 시집에서도, 그러나 더욱, 듣도 보도 못한 이국적 아름다움이 충격적일 정도로 다가온다. '서술적' 아름다움이 '규범적' 아름다움(데이비드 흄)으로 느껴질 정도이다. [사실−당위 문제 Is-ought problem가 첨예하게 제기된다] 정말 그런가?─ 거의 모든 시편들이 '마야의 베일'(쇼펜하우어─ 니체)에 들어온 것 같다. 꿈인가 생시인가? 삶인가 죽음인가?

예술은 다른 분과들, 이를테면 윤리학과 정치학, 법학 등과 코드가 다르다. 윤리학은 선−악 코드를, 정치는 적−동지 코드를, 법은 옳음−그름이라는 코드를 갖는다. 넓게 말해, 과학 일반이 진/위 코드를 가지는 반면, 예술은 미/추 코드를 가진다. 별도의 코드가 그것의 자율성을 말하게 한다.

부문 간의 크로스오버, 탈경계, 융합convergence은 다른 차원 얘기다. 아름다움을 말할 때 칸트의 순

수 미학으로서 미의 미학에 관해서이고, 고통과 아름다움을 말할 때 니체의 순수 미학으로서 추의 미학(디오니소스–아폴론)과 미의 미학(아폴론)에 관해서이다.

고경자 시인의 미학은 아름다움으로서 칸트의 미의 미학이고, 동시에, 고통으로서 니체의 추의 미학이다. 드러나는 아름다운 언어를 말할 수 있고, 이면에 있는 혹은 감추어져 있는 고통의 언어를 말할 수 있다. 본 글에서는 이면(裏面)의, 고통의 언어들에 특히 초점을 맞추었다.

사랑이란 문장을 그린 그녀가
욕조에서 걸어 나온다
물기 먹은 실루엣
목덜미와 가슴 사이로 흐르는 경련
마르살리빛 머리가 찰랑인다
몸은 중심에 두고 사랑을 갈망하는
잿빛 문양의 혈류를 내장한
엉덩이에 꽃핀 타투
(그녀와 마주해 본 사람은 안다
불타는 숲과, 눈보라 사이에 영혼이 팔려
함께 날고 싶다는 것을
저건 마네킹이 아닌 사슴이다
보츠와나 초배지에서 만난
기린 눈망울을 한 비너스다)
그녀가 턴 할 때마다 일제히 쏟아지는 눈빛

미온의 바람이 그녀를 훔치고
천기를 누설하고 증발해 버린 사랑
내면에 찬 어둠을 깨고
욕망의 자아를 찾아 길을 나선다
                              - 「타투」 전문 -

아름다운 언어들. 라파엘로의 그림에서, 위쪽에
있을, 아폴론적 아름다움이 시인의 상상을 통해 전
경화(前景化)되었다. "욕조"에서 시작해. "욕망의 자
아"에서 끝내고 있다. 의도적이다. 욕망은 어디에
서? 보편적 욕망으로, 바로 위 행에서 "내면에 찬 어
둠"이라고 분명히 밝혔다. 내면은 어두운 충동에 휩
싸여 있기 십상이다. 충동 욕동 욕망의 자아가 내면
화된 억제 기제에 의해 가까스로 균형을 유지하나,
언제 그 균형은 깨지고야 만다. '그것'은 광고 산업으
로 표상되고, 예술 산업에서 노골적으로 드러난다.
'아이돌'은 대개 성적(性的) 아이돌이다.

2. 현대의 허무주의

 '현대의 허무주의'라는 말이 이제 공공연한 비밀도
아닌 게 되었다.

둥근 돔 아케이드 담쟁이넝쿨
이승과 저승 경계에 푸른 발을 딛고
삶이 촉수를 확장하고 있는 동안

138

이승의 바람은 산 자의 집과 경계를 두고
죽은 자의 집을 넘나들고 있다
누군가의 죽음이. 아무나의 죽음이
무참한 죽음들이
횡렬과 종렬로 휘장처럼 펼쳐 있어
현재, 미래, 과거로 치장을 하고
중세 시대 기억을 더듬고 있는 거대한 십자가

바람이 영혼을 데려가 이곳에 안치했을 때
마타리꽃은 바람에 흔들리고
세상에서 가장 아름다운 묘지
천상의 휴식처라고 일러주며 만성절**을
기다리라 하네

그날이 오면, 그날이 오면……
마타리꽃은 개화하고 일제히 빗장을 여는 영혼들
세상 것 다 놓친 자. 하늘 아래 것 다 가진 자
죽음을 통과한 지구인과 함께 가면무도회 춤을

마모된 어둠 속
영혼을 지배하는 붉은 십자가 적요한 무덤을 닫고

나는 나무에 붙어 있는 텅 빈 동공 앞의
램프에 불을 밝힌다

－「미르고이」 전문 －

*미르고이: 크로아티아 자그레브에 있는 유럽에서 가장

아름다운 묘지.
**11월 1일 잠든 무덤에 램프를 켜서 불을 밝히는 날.

"산 자의 집"과 "죽은 자의 집", "이승과 저승", "현재, 미래, 과거" 등이 말하는 것은 필멸이다. 죽음이다. 사라짐이다. "세상 것 다 놓친 자. 하늘 아래 것 다 가진 자"의 대비가 절묘하다. 특히 "누군가의 죽음" "아무나의 죽음" "무참한 죽음"은 죽음의 무차별성에 대한 적실한 표현들로 주목에 값한다. 모든 것 다 가진 자가 모든 것 다 놓친 자가 된다.

그리고 '누군가의 죽음'이다. 여기 누군가 죽었군. 무덤을 지나가던 과객이 비석을 보고 말한다. 세월이 더 지나면, 비석도 무덤도 겨우 흔적만 남는다. 유일무이한 죽음이 '아무나의 죽음'으로 변한다. 그 죽음의 비극성을 '무참한 죽음'으로 직서적으로 드러냈다. 유일무이한 죽음이 무참한 죽음으로! 죽음에도 계급이 있는 셈이다. 누군가의 죽음에서부터 아무나의 죽음으로! 무참한 죽음이 완성된다.

현대의 허무주의를 말할 때 그러나 이것은 역사적 허무주의를 포함한다. 과학적— 물리적— 생화학적 죽음의 보편성, 그 긴 여정을 포함한다. 과거 및 미래로의 긴 여정을 포함한다.

현대 허무주의는, 현생인류 30만 년, 호모 하빌리스, 호모 에렉투스, 오스트랄로피테쿠스 아파렌시스, 그리고 호모 속(屬)의 조상 호미니드까지 거슬러 올

140

라가, 700만 년을 포괄한다.

1억 5천만 년 동안 번성하다 6천6백만 년 전 (조류형 공룡을 제외하고) 대멸종한 공룡을 포함한다. 중생대 백악기 쥐라기 트라이아스기를 거슬러 올라가 고생대까지의 그동안의 5차례의 대멸종을 포괄한다.

우리 앞에 선조 생명들이 있었다. 선조성ances-trality은 고생대까지도 넘어선다. 생명체는 훨씬 이전 지금부터 38억 년 전에 시작되었다. 말 그대로 선조성이다. 38억 년 전부터의 선조성을 말해야 한다! 인류가 땅earth의 주인인가?― 아니올시다. 38억 년이 지나가긴 한 건가?― 영겁의 시간이 지나갔다.

삼엽충 암모나이트 등 원(原)화석 형태가, 그리고 고생대 나무화석으로 만들어진 석탄 석유 저장의 시대, 석탄기가 지나갔다. [강조: 석탄기 이전, 석탄기를 거슬러 올라가, 38억 년 전까지 또한 무엇인가 선조성으로 있었다. 원시 생명체, 단세포, 바다식물 육상식물 곰팡이 이끼류가 있었다. 캄브리아기 4억 4천 년 전 '종의 대폭발' 이전부터 38억 년 전까지 지구에서 벌어진 생명활동들― 비생명활동들, 기술하기 어렵다.]

이게 다가 아니다. 지구 태양계의 역사는 46억 년 전으로 거슬러 올라간다. 이게 다가 아니다. 46억 년 전에서 92억 년을 더 거슬러 올라가야 한다. 대폭발과 인플레이션과 '태초의 빛'(「창세기」의 "빛이 있으라.")

은 상호 유비이다. 138억 년 전 그 특이점singularity
이 있었고, 그게 폭발했다.— 중력이다. 그때 전자 중
성미자 글루온 광자들이 있었다. 그들이 원(原)−선조
이고 원−선조성인 셈? 138억 년이 지나가긴 한 건가?
— 영겁의 시간이 자나갔다.

특이점 후 태초의 3분— 30만 년을 지나 전자 등
이 수소 원자화되면서 태초의 빛은 그 전자 등의 방
해물을 뚫고 이제 비로소 '주욱−죽' 나아가게 되었
다. 1964년 윌슨 천문대에서 전자기파, 우주배경복
사 형태가 발견되었다. 태초의 빛이다. '138억 년'의
빛이 충만한 '그림사진'을 볼 수 있다.

아, 우리는 작구나, 우리는 짧은 시간이구나. 그
영원의 세월을 뒤로 하고 짧게 짧게 왔다. 그리고 짧
게 짧게 가는 거구나? 미래에 대해서는? 50억 년 이
후 태양은 적색 거성으로 부풀어 오른다. 수성 금성
을 삼키고 지구 가까이 온다. 화성 목성 토성 천왕성
해왕성은 당분간 유지되나, 궁극적으로는, 몇조 년일
까? 아니, 몇조 년 곱하기 몇조 년 후에 해체될 것이
다.

결빙으로 살아온 만년설
언제부터 침식하여
너희 자태는 보이지 않고
흐르고만 있지 않은가

설선이 상승해 갈수록

구름도 넘어지게 하고
새들조차 날개 내려 쉬라 하던
당신의 손짓
눈의 결정체 푸른 빙하에 눈부셔
한때는 내 영혼마저 흔들어대던 그대여
내 마음 어딘 듯 숨어
하얀 섬을 만들어 내지 않는 너는
빙하가 아니다
사바나에 내리는 빗물이 아니다

　　ㅡ「너는 또 하나의 피오르 빙하가 아니다」부분 ㅡ

아름다운 시다. 이국적이다. 그러나 그 안에 담긴
것은 영원한, 영겁의 공간이다. 영원한 것은 자연도
아니다. 고경자는 노르웨이의 "피오르"를 아름답게
노래하고 소개했지만, 그것조차, 자연조차, 영원하
지 않음, "사바나에 내리는 빗물"이라고 빙하를, 피
오르를 은유했다. 비유가 실체이다. 실체는 비유에서
분명히 드러난다. '맞다!'
　피오르를 그리고 빗물로 비유한 것은 일종의 환원
비유다. 피오르 빙하는 빗물이고, 물이고, 궁극적으
로는 H2이고 O이다. 덧없는 것에는 원소ㅡ 원자도
포함된다. 음전자와 양전자가 쌍소멸한다. 시(詩)「슈
퍼어싱」에서 마침 "반입자" "반물질", 그리고 "음전
자"와 "양전자"가 언급된다.

　반입자의 반물질로 변해 가는 시간

입자 고운 모래에 맨발 접지 중이다

썰물과 밀물이 교차된 자국
파도이랑 사이로
발등에 촉촉이 스미는 미네랄
몸속을 흐르는 양전자
접지될 때마다 음전자를 빨아들인다
우주의 에너지가 솟구쳐
뇌 감각을 깨우는 발바닥 근육
어느 행성에 불시착된 느낌일까

- 「슈퍼어싱」 부분 -

영원한 것은 없다. 행성— 항성이 영원하지 않다.
끝의 "어느 행성에 불시착된 느낌일까"가 많은 것을
함축한다.— 잠시 있다 사라지는 안개와 같은 것일
까? '그렇다!'고 시인은 우리에게 속삭인다. 우주적
허무주의로서 현대의 허무주의가 아닐 리 없다.
　암흑에너지가 우주를 끊임없이 팽창시킨다면, 몇
조 년이 아니라, 몇경 년×몇경 년 지나서는, 아니 무
량수년 前(전)에는, 우주 시공간 전체가 빅립 big rip
식(式)으로 갈기갈기 찢어질 것이다. 그 전에 우리은
하, 안드로메다은하, 소마젤란 대마젤란은하, 그리
고 국부은하군, 그리고 라니아케아 초은하단이 해체
되고, 그레이트 월, 창조의 기둥, 우주 필라멘트 등
이 해체되고, 급기야 소립자 원자 수준까지 해체되
고, 급기야 양성자도 찢어질 것이다. 블랙홀이— 호

킹 복사 넘어— 마지막까지 남아 있을까. 남아 있는 블랙홀까지 해체될 것이다.— 많이 남았군. '그날'이 올까?— 138억 년이 지나갔지 않은가. 이후 또 영원 영겁의 시간이 지나갈 것이다.— 그렇군. 우리는 미물도 안 되는군. 바닷가 모래알 하나가 별이 아니라 은하로군. 그 우주 은하들이 모여 대우주를 만들고, 궁극에는 그 대우주까지 '자신을' 참지 못하고, 양성자 수준까지 해체되는군.

138억 년이 시간에 대해서라면 930억 광년 거리는 공간에 대해서다. 특이점 이후부터 우주는 끊임없이 팽창했고, 멀리 있을수록 더 빨리 팽창했고(1929, 윌슨)— 이른바 우주원리이다.

지금의 930억 광년은 우주의 지름으로서, 사건의 지평선까지의 거리를 말한다. 사건의 지평선 너머 빛은, 빛보다 공간이 더 빠르게 팽창하고 있는 관계로, 우리 눈에 영원히 포착될 수 없다. 빛보다 빠른 물질은 없으나 공간은 물질이 아니다. 공간이 빛보다 빠른 속도로 팽창한다. '지금 그 빛'이 우리에게 오나?— 잡히나, 465억 광년 지나 잡히나?

아, 우리는 시간적으로도 작고, 공간적으로도 작군. 우리네 인생, 아 인생아! 무슨 의미인가? 물어본다. 무슨 소용인가 Cui bono? 묻는다.— 우주적 허무주의다.

니체의 허무주의를 동원할 필요가 있다. 강(强)의 허무주의다. 니체의 허무주의는 신적(神的) 발판이 없어진 것에 대해서이다. 삶을 인도해 주는 신,— 내세까지 보장해 주시던 신(神)이 사라졌다. 니체의 어려웠던(살로메와의 만남, 그리고 이별 등) 1882년의 업적이 『즐거운 지식』이다. 첫 연구서 『비극의 탄생』 (1872)에서 미약하게 드러냈던 신에 대한 사망 선고가 『즐거운 지식』에서 분명히 표현되었다. 그 이후 1883~1885년 『차라투스트라』에서 신의 몰락이 전경화(前景化)— 전경화(前景化)되었다.

약(弱)의 허무주의를 넘어, 강의 허무주의는 '무너진' 신적 발판에 대한 일종의 '자세'로서— 다른 방법이 있을 리 없고— 그것을 전면적으로 시인하고, 그것을 적극적으로 긍정하는 것에 관해서이다. 힘이 필요하다. 생로병사의 잔혹성을 시인하고, 희로애락의 변덕성을 시인하는 것이 강의 허무주의의 1원칙이고 (전면적 긍정의 철학으로서 초인간 사상이고), 그것이 다시 오고 또다시 와도 똑같이 살아 주리라, 생로병사의 생을 매번 똑같이 살아 주리라, 하는 것이 강의 허무주의의 2원칙이고, 이른바 영원회귀 사상이다. 두 사상, 초인간과 영원회귀 사상은 긍정의 철학이라는 점에서 같다.

우주적 허무주의 또한 '구원이 없는 것'에 관해서이다. 우리는 어디서 왔는가. 우리는, 인간 존재와 비인간 존재를 합쳐, (우리는) 별에서 왔다. 별의 재료들, 수소 탄소 질소 산소 헬륨 황 인 철 백금 코발트 니켈 등에서 왔다. 초신성의 폭발로 그 잔해 부스러기 원소들이 우주 전체로 널리 퍼졌기 때문이다.
— 우리는 어디로 가는가. 우리는 다시 우주로 산산
이 흩어져, 언젠가 가스— 구름 등에 합류, 다시 별
이 된다. 원자 수준으로 흩어져 별로 귀환한다.

고경자 시인의 세계 인식이 여기까지 왔다. 이미
중간 중간 인용된 고경자의 시편들이 그것을 웅변한
다.

3. 카니보르와 앙투아네트

이 점에서 압권이 詩(시) 「카니보르」이다. 역사성
으로서의 인류라는 인류학적— 지질학적 관점으로
현생인류가 영원하지 않다는 것을 탈은폐한다. 인용
전문이다.

다양한 인종들이 곳곳에서 모여드는 푸른 밤
인류 뒤에 오는 종을 기다리며
황톳빛 살점들이 농익어 흐느적거리는
임팔라와 톰슨가젤의 부드러운 살점
현생인류가 발라 먹는다
네안데르탈인이 돌칼로 발라 먹듯이
요하네스버그에 내리는 비는
카니보르* 지붕을 두드린다

빗방울은 정오를 적시며
현생인류의 눈물을 닦고

나는 또다시 돌칼을 든다

불길에 튀는 야생의 살점을 발라 먹은 사실을
인류 뒤에 오는 초인 기록할 것인가
목젖을 흐르는 비릿한 향미
타르 같은 어둠 속 야생의 울음소리
외계의 시간을 넘는다.
- 「카니보르」 전문 -
*요하네스버그 근교에 위치한 야생 고기 전문 레스토랑.

우리 크로마뇽인, 즉 현생인류 호모 사피엔스는
한동안 공존했던 또 다른 호모 속 네안데르탈인을
멸종시켰다. 그들과 동화하여, 함께하기도 했으나,
고생학적— 지질학적 연구 및 평가는 현생인류가 그
들을 멸종시킨 것으로 보고한다. 고경자 시인이 지
적한 대로 "야생의 살점을 발라 먹은 사실"이 말하
는바, (현생인류가) 돌칼로 발라 먹힌 자국이 있는
네안데르탈인이 독일 네안데르 계곡에서 발견되었
기 때문이다. 자연학자— 고고학자— 고생물학자
등이 내놓은 견해 하나가 흥미롭다. 덩치가 더 크고
뇌 용량도 더 큰 것으로 알려진 네안데르탈인의 결
정적 패인이 추위 때문이다. 정확히 말해, 짐승 가죽
을 입고 현생인류와 마찬가지로 추위를 견뎠으나,
현생인류는 가죽을 여밀 바늘을 발명했고, 이것이
추위를 견디게 했으나, 네안데르탈인은 그러질 못했
고, 점차 개체수가 줄면서 멸종의 길로 갔다.

힌남노가 상륙한 만조의 밤
높은 해일 이어도 맨살을 삼키고
난파선은 핏빛 노을로 물들어 갔네

사람들이 노래를 부르네
이어도 산아 이어도 산아
슬픈 듯 돌아올 수 없는 먼 길
나도 이어도가 되어 가네

바다에 투망을 던지네
바다에 뜬 거문고 별자리 걷어 올려
빈 하늘에 심고
앙투아네트도 우주의 밤을 맞이하네

경계가 다른 생을 살아가며
수없이 사라져 가는 사람들
바다는 삶처럼
내 안에 있는 나를 불러내고 있네
현기증처럼

- 「앙투아네트」 부분 -

*앙투아네트: 용두암에 있는 카페 이름.

사라지는 것은 사라진다. 필멸에 대해서다. 고경
자의 「앙투아네트」 역시 필멸에 관해서다. "힌남
노", "앙투아네트", "바다", "이어도", "용두암", 심지
어 "거문고 별자리"까지도. 심지어 "현기증"까지도.

"슬픈 듯 돌아올 수 없는 먼 길", "수없이 사라져 가는 사람들" 등.

고경자 시인은 분명히 천명한다. 사라지는 것은 오래되었다. 이를테면 네안데르탈인들 그 개별자들은 모두 사라졌다. 그뿐만이 아니다. 5차례의 대멸종으로 많은 생명들이 종의 차원에서 사라졌다. 남아 있는 것들도 사라진다. 시리우스성은 벌써 사라졌는지, 북두칠성의 별 7개 중 몇 개가 사라졌는지.

4. 다시, 니힐리즘에 대하여

문제는 니힐리즘이고, 허무주의이다. 네안데르탈인이 멸종했고,— 우리 현생인류에 네안데르탈인 유전자가 일부 남아 있다.— 그동안 홀로가 된— 원숭이 종류는 꽤 많으나, 인류는 하나다.— 인류는 꽤 번성했다. 1만 2천 년 전 농업혁명 이후의 신생대 홀로세를 지나며, 급기야 17세기, 케플러-갈릴레이-뉴턴, 데카르트-스피노자-라이프니츠 등 그 천재들의 시대를 지나, 18세기 산업혁명을 이루었다. 그리고 2차 대량생산 3차 전기 4차 정보통신으로 표상되는 여러 산업화 혁명을 지나 '지금 여기'의 상전벽해 시대까지 왔다. 지금 '아리스토텔레스'가 살아온다면 그는 구름 떼 같은 청중을 불러 모으긴 하겠으나, 그 청중들이 들고 있는 스마트폰에 대해서는 침묵해야 한다.

얼마나 절절했으면
섬은 주상절리로 서서
바다에 난타를 벌이고 있나

사람과 섬 사이 사나운 바람
향방을 모른 채 몸속을 드나들고
진종일 흔들리는 삶
자취 없이 바위에 부서진다

마그마가 남기고 간 지표에
부딪는 살결마다 소금꽃 피어
촛대처럼 솟아오르는 석순

－「간격」부분 －

"섬" "주상절리" "바다" "마그마" 등은 큰 개념이
다. 섬에서 마그마까지 사실, 개념 아닌 것이 없다.
원리 아닌 것이 없다. 사라지는 것은 개별자이나, 함
께 그것이 갖고 있는 개념 원리들도 사라진다.

詩(시) 「간격」은 "사나운 바람"이 표상하는바. 주
상절리의 '섭리'에 관해 쓴 시. 섭리는 과연 지상의
사물들, 개념들을 언제까지 붙잡아 줄 것인가.

다시: 고경자 시인은 '영원한 것은 없다'는 입장.
네안데르탈인의 죽음처럼 인류의 죽음— 멸종 역시
필연이다. 위위 위 '앞의 시' 「카니보르」를 다시 보
자.

다양한 인종들이 곳곳에서 모여드는 푸른 밤
인류 뒤에 오는 종을 기다리며
황톳빛 살점들이 농익어 흐느적거리는
임팔라와 톰슨가젤의 부드러운 살점
현생인류가 발라 먹는다
네안데르탈인이 돌칼로 발라 먹듯이
요하네스버그에 내리는 비는
카니보르* 지붕을 두드린다

빗방울은 정오를 적시며
현생인류의 눈물을 닦고
나는 또다시 돌칼을 든다

불길에 튀는 야생의 살점을 발라 먹은 사실을
인류 뒤에 오는 초인 기록할 것인가
목젖을 흐르는 비릿한 향미
타르 같은 어둠 속 야생의 울음소리
외계의 시간을 넘는다

"현생인류의 눈물"은 분명 비극적 상황에 의한
[대한] 것이다. 네안데르탈인의 멸종은 현생인류와
의 권력투쟁 때문이나, 현생인류의 멸종은 간단하
지 않다. 현생인류의 멸종은 현생인류 때문이다. 물
론 행성 차원의 지진 활동 및 빙하기가 원인일 수
있다. 5차 공룡 대멸종 때처럼 태양계 차원의 소행
성 충돌에 의한 것일 수 있다. 분명 우주적 허무주

의를 말할 수 있는 부분이다. 시인은 영탄한다. '우리 뒤에 오는 종이 우리를 기억해 줄까.'

문제는, 인류에 의한 것으로 멸종이 앞당겨진 점, 그것이 빅 포인트이다. 공룡은 6억 6천만 년 전까지, 1억 5천만 년 동안 번성하다가 칙술루브 소행성의 충돌, 그리고 이에 의한 기후 변화로 멸종했다.

왜 인류의 '멸종'을 얘기하나? 겨우 400만 년, 아니 30만 년 되지 않았나? 1억 5천만 년 비록 영겁의 세계라 하더라도, 인류 또한 가능하지 말란 법은 없지 않나?

(인류가) 지은 죄가 많기 때문이다. 1945년의 원자폭탄 사용 이래 수백 차례 이상의 핵실험이 있었다. 최근까지 인도 파키스탄 이스라엘 북한까지 핵실험! 그 전, 그러니까 1950년대 형성된 지층에 방사능이 높은 수치로 튀어나온다. [인류는 방사능으로도 기억될 가능성이 있다.]

무엇보다 인류의 죄(罪)는 지구 기온을 높인 데 있다. 현재, 1차 산업혁명 이후 2도 상승을 목전에 두고 있다. 2도 상승이 넘어가면 7도 상승까지 '무리 없이' 이어진다. 이산화탄소 CO_2 메탄가스 CO_4 농도 때문이다. 이것이 주로 온실효과를 만들고, 기온 상승을 유발하고, 산소 농도를 줄이고, 시베리아 영구 동토층을 녹이고, 메탄가스를 늘리고, 기온이 다시 올라가고, 남극대륙과 그린란드의 얼음을 녹이고, 바닷물 해류의 변화로 다시 기온이 올라가고, 해수면을 높이고, 기상이변이 일어나고, 대륙 차원의 해안가가 물에 잠긴다. 대기와 토양의 질은 생명이 거주하기 힘들 정도로 악화된다. 지구는 더 이상 거주 가능한 행성이 아니게 된다. 골디락스 행성에서 퇴출된다.

고경자 시인의 詩 「카니보르」에서 화자의 '돌칼'은 네안데르탈인을 멸한 그 돌칼이 아닌, 고기를 썰어 먹는 도구로도 나타난다. 석탄 석유 등 화석연료 등에 의한 이산화탄소 배출량보다 소 양 돼지 염소 말 등 가축에 의한 이산화탄소 배출량이 더 많다. 가축은 누구를 위해 존재하는가?— 인간을 위한 것. 석유 석탄은 누구를 위해 종을 울리나?— 인간과 가축의 먹이 확보, 아마존 삼림 개간은 궁극적으로 누구를 위해 (경)종을 울리나?!— 인간을 위해.

답이 나와 있다. 인류중심주의가 행성을 거주 불가능한 곳으로 만든다. 2050년 탄소 농도 증가를 0으로 하자는 2015년 파리협정은 지켜지지 않고 있다.

백미는 詩 「카니보르」 끝 연의 "인류 뒤에 오는 초인 기록할 것인가"이다. 두 가지다. 인류가 진화하여, 존재론적으로나 도덕적으로나 생물학적으로나 완벽한 존재가 되는 것이다. 초인은 이육사의 「광야」의 초인이고, 니체 『차라투스트라는 이렇게 말했다』의 초인간이다.

'위버멘쉬' Übermensch이다. 이육사의 초인은 존재론적— 도덕적— 생물학적 초인을 모두 포함할 듯. 니체의 초인간 위버멘쉬는 존재론적 차원을 더 많이 포함할 듯. 둘 다 '완전한 인간'의 표상인 것은 분명하다.

둘째, 고경자의 초인은 지금의 인류가 멸종하고, 마치 고생대 4억 4천만 년 전 캄브리아기의 종의 대폭발처럼, 새로운 진화가 개시된 이후의 전혀 새로운 종에 관해서이다. 물론 다시 진화가 개시되고, 새로운 산물로서의 고등 생명의 탄생에 관해서이다. 진화생물학자 스티븐 제이 굴드는 다시 (지구를 비디오테이프처럼 다시 돌려도) 인간과 같은 생명이 출현할 가능성은 '제로'라고 했으나, 가령 '문어'가 진화해서?

문제는 그럴 일이 일어날 수 있을 거라는 시인 고경자의 상상력이다. 다시 진화가 개시하여 인간에 방불한, 아니 인간을 뛰어넘는 초인간이 출현할 가능성에 대한 시인의 상상력이다. 그리고 진화가 다시 개시된 전제조건으로서, 인류를 포함한 많은 종이 (6차) 대멸종을 겪는 것을 기정사실화한 고경자 시인의 섬뜩한 상상력이다.

5. 고경자의 상상력

'초인(간)이 인간을 기록할 것인가.' 멋진 상상력이다. 초인으로 진화한, 아니 그 자체 지금의 인류 이상으로 진화한 새로운 고등 생명이 지층을 조사하고, 고고학적 고생물학적 탐사를 통해, 아 여기 누군가가 있었군. 하고 그 '존재자'='지금의 현생인류'에 대해 기록할 것인가. 그러면 지금의 현생인류는 아주 완전히 잊힌 것이 아닌 존재가 된다. 우리가 백악기의 공룡을 기억하는 것처럼, 우리 이후의 존재가 우리를 기억하는 것이 된다. 공룡의 화석으로 기억한 것처럼 현생인류 시대의 화석으로 기억한다.

사실 고경자의 상상력은 고생물학자들 및 지질학자들의 조심스러운 예측(?)과 일치한다. 인류 뒤에 오는 고등 생명은 인류시대, 즉 인류세anthropocene의 닭 뼈와 방사능으로, 그리고 혹은 알루미늄과 플라스틱 같은 것으로 고등 생명의 흔적을 기억할 수 있다.

무슨 소용인가? 지금의 인종이 멸종한다? 사실 멸종을 막아야 하는 것이 시급한— 긴급한 과제이나, 멸종은 사실 '언제냐가 문제이지' 피할 수 없는, 받아들여야 하는 진리 같은 것. 모든 것은 상대적이고 상대적인 모든 것은 움직이고, 움직이는 모든 것은 사라진다. '사라지는 것'은 사라지지 않는다. 다음은 「맹그로브 통신」이다. 시인이 아름다움을 보존하자고. '통신'을 보냈다.

바다 위를 걷다 길을 잃는다
롱테일보트 윙윙거리는 기계음이 경로를 이탈한다
낙타 눈을 한 스콜이 변주하며 강과 바다를 적시고
사색하는 맹그로브 정글 사이로
심장 속 풀무질하던 생각들 구름에 풀려나간다

시간이 원형으로 돌지 않고

직선을 알아내고 있을 때
검은 대륙의 블루 꽃무지개는 지고 있었다

강이 허락한 시간만 사는 맹그로브 나무
신이 허락한 시간만 존재하는 나
너울 사이로 생존의 질감을 어루만진다

부유하는 섬들이 파란 날개를 퍼덕이고
마지막 노을을 붙들고 선
원시별에서 터트리는 첫울음의 사유
사라지는 것은 사라지는 것이 아니라
사유하는 것이다

      – 「맹그로브 통신」 전문 –

"길을 잃는다"로 시작했다. 중간에서 "신이 허락한 시간만 존재하는 나"라고 했다. 우리는 길을 잃었다. 언제까지 존재하는가? 시인은 이를 위해 아름다운 잠언 한 구절을 끝에 넣었다. 별도의 구절로 다시 인용한다.

사라지는 것은 사라지는 것이 아니라 사유하는 것이다.

사라짐 앞에서, 대멸종 앞에서 시인은 사유를 요청한다. 사유 앞에서 장사가 없을 것이다. 행동으로 이어지는 사유 앞에 희망이 펼쳐질 것이다.— 그렇

지 않을까.

6. 희망에 대하여

사라지는 것은 사라진다. 영원한 빛도 언젠가 1조 년×1조 년 후일까, 꺼질 것이다. 블랙홀은 그 질량= 에너지=중력= '곡률'의 무한성으로 빛을 잡아 그 무 한곡률에 집어넣는다. 우주 팽창이 가속화하여(— 우 주 팽창이 멈춘다면 어떤 일이 벌어질까?), 그리고 무한시간대에 걸쳐 팽창할 때, 질량— '중력'을 가진 모든 천체, 심지어 이원자 양성자까지, 심지어 남아 있던 블랙홀까지 증발한다. 이른바 빅립이다.— 앞 서 살핀 대로다.

사라지는 것은 진리이나, 무엇보다 멸종은 진리이 나, 이른 멸종이 우리의 책임으로 드러나는 마당에 그 멸종을 늦춰야 할 책임도 우리에게 있다.— 그렇 지 않을까.

후손이 다음과 같은 아름다운 노래를 부르게 해야 하지 않을까? 그들이 한동안일지라도 행복한 느낌을 알도록 해야 하지 않을까.

하늘에 매달린 초사흘 달
바람이 호수를 흔드는 것같이
꽃이 바람의 입술을 탐하는 것같이
여기저기 기웃대다
목단꽃 피어 있는

158

유백색 항아리 속으로 숨어들었다

달 품은 항아리
어둠 속 맑은 물소리 담아
기형으로 얼룩진 모서리를 굴린다

별자리 이동하는 밤마다
입덧하며 산통의 시작이다
여민 옷깃 풀어 붉은 입김 토해 내며
빚어내는 흰 울음

지구가 팽팽해지자
진통 끝에 쏙 빠진 잘생긴 둥근 알
기억이 울창한 시간의 깃털을 타고
두둥실 하늘에 오르고 있네
                    ─「달항아리」전문 ─

고경자 시집
사라짐 대신 사유함

제1판 1쇄 발행 · 2025년 10월 25일

지은이 · 고경자
펴낸이 · 이석우
펴낸 곳 · 세종문화사
편집 주간 · 김영희

주소 · (03740)
　　　　서울 서대문구 통일로 107-39, 222호
　　　　E-mail: eds@kbnewsnet
전화 · (02)363-3345
팩스 · (02)363-9990

등록번호 · 제25100-1974-000001호
등록일 · 1974년 2월 1일

ISBN 978-89-7424-217-6　03810

값 15,000원